Un ouvrage North Star Ed.

VIRGILE

L'ANTHOLOGIE

d'Eouda Pintruber

Nouvelle traduction avec texte en latin
et commentaires de l'auteur.

PARIS

North Star Editions

-2016-

PUBLIUS VERGILIUS MARO

INTRODUCTION

Publius Vergilius Maro a vécu de 70 à 19 avant J .C ; c'est pourquoi nous pouvons affirmer qu'il est le premier des modernes ; mais en quel sens ?

Si les anciens romains dataient les événements à partir de la fondation de la Ville : « ab Urbe condita » en 753 avant J.C ; nous, modernes les datons à partir de la naissance du Christ. Avant Jésus donc, l'antiquité ; avec Jésus commence l'ère moderne.

Mais Virgile n'est pas le premier des modernes selon les chiffres seulement, il l'est selon les lettres, selon l'esprit : l'ensemble de son œuvre, ses trois livres poétiques : les Bucoliques, les Géorgiques et l'Enéide proposent des valeurs de sympathie, de tendresse, de douceur, de charité, valeurs bien peu romaines, valeurs qui instaurent un lien, une sorte d'amour entre les hommes, entre les hommes et le monde animal, les hommes et le monde végétal, les hommes et l'univers ; toutes ces valeurs ne trouveront leur plein essor qu'avec la diffusion du message chrétien des évangiles.

Dans les Bucoliques, les Géorgiques et l'Enéide, tu pourras le vérifier, lecteur, tu trouveras l'expression d'une sensibilité moderne, des préoccupations qui sont toujours d'actualité et même des ouvertures vers des solutions aujourd'hui encore d'avant-garde. Virgile, premier des modernes ayant précédé le premier des modernes de 19 ans, Virgile toujours en avance…

De cet homme, nous ne savons presque rien : il était discret, sans doute solitaire ; on ne lui connaît ni femme ni enfants, seulement quelques amis admiratifs, respectueux et distanciés.

Né dans le nord de l'Italie, non loin de Mantoue et du Mincio, petit affluent du Pô, nous ignorons s'il était le fils d'un petit propriétaire foncier ou le descendant de magistrats étrusques, les Marones ; en tous cas, il fit des études d'une grande qualité qui lui donnèrent une érudition impressionnante et lui ouvrirent l'accès de l'élite cultivée du moment : Cornelius Gallus, poète par intermittence, Asinius Pollion, consul et plus tard Mécène, l'ami et conseiller du prince, Octavius Augustus, premier empereur de Rome qui se fera le soutien et peut-être l'ami du poète.

Tous ces hommes de premier plan étaient amateurs de poésie et souvent la pratiquaient.

Cependant, il leur manquait ce que possédait Virgile, ce qui lui conféra, dès l'antiquité une aura remarquable, ce qui lui assure aujourd'hui encore l'un des tout premiers rangs parmi les plus grands artistes : le sens infaillible de la beauté, l'originalité de la pensée et de l'expression, la profondeur de la réflexion.

Virgile, un poète, un grand poète, un poète immense ... pas seulement : Virgile un moraliste, un philosophe, un prophète !

Je te laisse en juger, lecteur...

BUCOLIQUE IV

___

Le recueil des Bucoliques, dix pièces savamment agencées évoquant une vie idéalisée à la campagne à la manière des Idylles de Théocrite est la première œuvre de Virgile.

Parmi les pièces s'écartant du modèle grec et révélant ainsi l'originalité du poète latin figure la quatrième, écrite autour de l'an 40 ; le poète avait donc trente ans.

Il y est question de la venue d'un enfant qui ouvre la voie d'une nouvelle ère du monde, dont l'apparition quasi miraculeuse coïncide avec un basculement vers un avenir radieux, une sorte de nouvel âge d'or pour le présent et l'avenir, âge d'or non plus situé dans le passé comme il était de tradition depuis Hésiode, l'auteur du poème « Les travaux et les jours ».

Ainsi, avec Hésiode et Théocrite, pouvons nous noter que Virgile ne fait pas fi du passé, qu'il connaît la tradition mais qu'il la renouvelle en réalisant une union harmonieuse entre les trésors d'un héritage et les pépites du nouveau gisement qu'il instaure.

Qui est donc cet enfant fondateur d'un ordre nouveau ?

Des universitaires ont proposé les uns un fils de Pollion mort en bas âge (ce qui est fort peu vraisemblable dans le contexte d'une régénération du monde) ; les autres, avec plus de pertinence, Marcus Claudius Marcellus, fils posthume de C Claudius Marcellus et d'Octavie, sœur d'Octavius Augustus, le prince, l'empereur, protecteur de Virgile. La naissance aurait eu lieu après l'entrevue de Brindes au cours de laquelle Antonius et Octavius scellèrent une alliance, Octavie enceinte épousant Antonius après le décès de son mari.

Mais il existe une autre hypothèse : quarante ans avant la naissance de Jésus, comment ne pas penser que Virgile aurait eu la prémonition de la naissance d'un enfant venant changer en profondeur l'histoire du monde ?

Etre de famille princière est-il un titre suffisant pour, comme l'a écrit Virgile :

« Faire naître le grand ordre des siècles. »

« Faire revenir la justice avec la Vierge »

« Etre envoyé du haut du ciel. »

« Acquitter les terres d'une crainte éternelle »

Je te laisse juge, lecteur…

PS : je présente la pièce dans son intégralité ; cela permet d'apprécier l'art de composer du poète ; notons qu'il passe des forêts dignes d'un consul (soit de la grandeur et de la majesté romaine) aux sourires échangés entre une mère et son enfant, ce qui est bien la marque d'un changement de civilisation.

Les Bergers d'Arcadie

Sicelides Musae paulo maiora canamus

Non omnis arbusta iuvant humilesque myricae

Si canimus siluas siluae sint consule dignae.

Ultima Cumaei uenit iam carminis aetas

Magnus ab integro saeclorum nascitur ordo.

Iam redit et Virgo redeunt Saturnia regna

Iam noua progenies caelo demittitur alto.

Tu modo nascenti puero quo ferrea primum

Desinet ac toto surget gens aurea mundo

Casta faue Lucina tuus iam regnat Apollo.

cadeo decus hoc aevi te consule inibit

Pollio et incipiens magni procedere menses

Te duce. Si qua manent sceleris uestigia nostri

Inrita perpetua soluent formidine terras.

Ille deum vitam accipiet diuisque uidebit

Permixtos heroas et ipse uidebitur illis

Pacatumque reget patriis uirtutibus orbem.

Muses siciliennes, chantons de plus grands sujets,

L'humble tamaris et les petits arbres ne plaisent pas à tous,

Si nous chantons des forêts, qu'elles soient dignes d'un consul.

Désormais vient le dernier âge du chant de la Sibylle de
Cumes ;

Le grand ordre des siècles est en train de naître, un ordre tout
nouveau ;

Désormais revient la Vierge et revient la justice,

Reviennent les royaumes saturniens ;

Désormais un nouveau né nous est envoyé du haut du ciel.

Toi, chaste lumière, bénis à ta manière l'enfant naissant

Grâce auquel pour commencer l'âge de fer finira

Et pour le monde entier surgira un âge d'or :

C'est ton Apollon qui règne désormais.

Et cette gloire du siècle, c'est sous ton consulat, Pollion,
qu'elle viendra

Et c'est sous ta tutelle que de grands mois commenceront à
venir…

Si des traces de notre scélératesse subsistent,

Rendues vaines, elles acquitteront les terres d'une crainte
éternelle.

Cet illustre nouveau venu recevra la vie des dieux

Et les verra dieux et héros confondus comme lui-même sera
vu d'eux,

Et il régnera sur un monde apaisé par les vertus de son père.

At tibi prima puer nullo munuscula cultu

Errantis hederas passim cum baccare tellus

Mixtaque ridenti colocasia fundet acantho.

Ipsae lacte domum referent distenta capellae

Ubera nec magnos metuent armenta leones

Ipsa tibi blandos fundent cunabula flores.

Occidet et serpens et fallax herba ueneni

Occidet ; Assyrium uolgo nascetur amomum.

At simul heroum laudes et facta parentis

Iam legere et quae sit poteris cognoscere uirtus

Molli paulatim flauescet campus arista

Incultisque rubens pendebit sentibus uua

Et durae quercus sudabunt roscida mella.

Pauca tamen suberunt priscae uestigia fraudis

Quae temptare Thetim ratibus quae cingere muris

Oppida quae iubeant telluri infindere sulcos.

Alter erit tum Tiphys et altera quae uehat Argo

Delectos heroas erunt etiam altera bella

Atque iterum ad Troiam magnus mittetur Achilles.

Hinc ubi iam firmata virum te fecerit aetas

Cedet et ipse mari uector nec nautica pinus

Mutabit merces omnis feret omnia tellus.

Or, pour toi, enfant, la terre se mettra à répandre sans culture
De minuscules présents :
Des lierres qui partout font errer des parfums,
Des colocases mêlées à la riante acanthe,
Les chèvres d'elles-mêmes reviendront au logis les pis gonflés
de lait
Et le petit bétail ne craindra plus les grands lions ;
Pour toi, ton berceau de lui-même répandra de caressantes
fleurs
Et mourra le serpent et mourra l'herbe qui ment avec son
venin ;
Le parfum d'Assyrie naîtra pour tout le monde…
Or tandis que tu pourras désormais lire l'éloge des héros,
Les œuvres de ton père
Et apprendre à connaître ce qu'est la vraie valeur,
L'épi ductile peu à peu fera la campagne blondir,
La grappe rougissante aux buissons sauvages se fera lourde
Et de la dureté des chênes suintera une rosée de miel.
Pourtant quelques traces de l'ancienne malice subsisteront
Qui engageront à éprouver la mer par des navires,
Entourer de murs les cités, creuser de sillons la terre.
Puis il y aura un autre Tiphys et une autre Argo porteuse de
héros élus,
Il y aura aussi d'autres guerres et, de nouveau, vers Troie,
Un grand Achille envoyé.
Mais quand l'âge qui rend ferme de toi aura fait un homme,
Le marin quittera la mer et le pin nautique ne se changera plus
en salaire ;
Toute la terre produira tout.

Non rastros patietur humus non vinea falcem

Robustus quoque iam tauris iuga soluet arator

Nec uarios discet mentiri lana colores

Ipse sed in pratis aries iam suaue rubenti

Murice iam croceo mutabit uellera luto

Sponte sua sandyx pascentis uestiet agnos.

Talia saecla suis dixerunt currite fusis

Concordes stabili fatorum numine Parcae.

Adgredere o magnos aderit iam tempus honores

Cara deum soboles magnum Iouis incrementum !

Aspice conuexo nutantem pondere mundum

Terrasque tractusque maris caelumque profundum.

Aspice uenturo laetantur ut omnia saeclo.

O mihi tum longae maneat pars ultima uitae

Spiritus et quantum sat erit tua dicere facta !

Non me carminibus uincat nec Thracius Orpheus

Nec Linus huic mater quamuis atque huic pater adsit

Orphei Calliopea Lino formosus Apollo.

Pan etiam Arcadia mecum si iudice certet

Pan etiam Arcadia dicat se iudice victum.

Incipe parue puer risu cognoscere matrem

Matri longa decem tulerunt fastidia menses

Incipe parue puer qui non risere parentes

Nec deus hunc mensa dea nec dignata cubili est.

Le sol ne supportera plus le râteau ni la vigne la faucille ;

Alors aussi le robuste laboureur du joug affranchira ses bœufs.

Et la laine n'apprendra plus à mentir des teintes bigarrées

Mais le bélier dans les prés désormais de pourpre se vêtira de lui-même,

Tantôt d'un rouge délicat, tantôt d'un jaune de safran,

Les agneaux en paissant auront naturellement un vêtement vermeil.

C'est de tels siècles que les Parques unanimes,

Selon la volonté inébranlable des destins,

Ont dit à leurs fuseaux de faire courir…

Agrée de grands honneurs (c'est désormais le temps)

Ô, cher fils de Dieu, grande gradation de Jupiter !

Vois le monde chanceler en sa rotonde masse

Et les terres et le ciel et les mers qui entraînent,

Vois comme tout sourit à ce siècle qui vient…

Oh ! Que je me conserve une assez longue vie

Et d'âme ce qu'il faut pour dire tes hauts faits !

Non, par leurs chants qu'ils ne puissent me vaincre ni Orphée le Thrace ni Linus,

Même si pour le premier, Calliope est sa mère,

Et si pour le second, son père le bel Apollon l'assiste ;

Pan lui-même, s'il entrait en compétition avec moi devant un juge d'Arcadie,

Oui, Pan lui-même devant un juge d'Arcadie reconnaîtrait sa défaite.

Prends ton essor, petit enfant, commence à connaître ta mère à son sourire,

(Pour elle dix mois de longs dégoûts ont pesé)

Petit enfant, prends ton essor,

L'enfant qui ne fait pas rire ses parents

N'est digne ni de la table d'un dieu ni du lit d'une déesse.

GÉORGIQUES I   vers 121 à 146

———

Le second opus de Virgile, les Géorgiques, composé de quatre livres consacrés au travail de la terre et à l'élevage fut probablement publié en 28.

Après le monde enchanté des bergers des Bucoliques, il s'agit de décrire et d'enseigner le travail des champs cultivés par les hommes, projet pratique et didactique a priori peu propice à la poésie.

Mais Virgile, étranger à tout prosaïsme, a su varier son sujet entremêlant mythes et légendes aux développements techniques sur l'élevage du bétail, la culture de la vigne ou l'univers des abeilles.

Dédié à Mécène, l'ami, le protecteur des arts, ce livre aborde naturellement la problématique du travail et de la naissance des arts. Alors, Virgile se fait tout à coup historien, philosophe, mythologue : sa pensée est subtile, difficile à saisir puisqu'il qualifie le travail d'« improbus » adjectif signifiant mauvais, pervers, soutenu, impudent, acharné

« Labor omnia vicit improbus »

Le labeur sans merci a tout envahi

alors qu'il semble le magnifier…

Pour comprendre, il faut rappeler que le travail dans l'antiquité est surtout réservé aux esclaves ; l'homme libre, le citoyen romain s'en trouve délesté, ce qui lui permet de se livrer à l' « otium » le loisir, le repos, le temps libre que l'on peut consacrer à des activités plus nobles : création, études, poésie. L' « otium » s'oppose au « nec otium » le négoce, le commerce, l'activité répétitive, le travail, le labeur.

Mais c'est de la pénibilité du travail que vont naître les arts qui désignent les difficultés vaincues par la réflexion, par l'effort.

Ainsi d'un mal voulu, imposé par un Dieu sortira ce bien précieux : l'inventivité, la créativité des hommes, les différents arts ou moyens de vaincre les obstacles, de surmonter les épreuves, de dépasser les limites de la condition humaine.

Avec les Géorgiques, Virgile est pleinement lui-même : poète, savant et penseur.

Paysan allant au marché

Pater ipse colendi

Haud facilem esse viam uoluit primusque per artem

Movit agros , curis acuens mortalia corda,

Nec torpere graui passus sua regna ueterno.

Ante Iouem nulli subigebant arua coloni ;

Ne signare quidem aut partiri limite campum

Fas erat : in medium quaerebant ; ipsaque tellus

Omnia liberius, nullo poscente, ferebat.

Ille malum virus serpentibus addidit atris

Praedarique lupos iussit pontumque moveri

Mellaque decussit foliis ignemque remouit

Et passim riuis currentia uina repressit,

Ut uarias usus meditando extunderet artis

Paulatim et sulcis frumenti quaereret herbam

Et silicis uenis abstrusum excuderet ignem.

Notre père lui-même a voulu que la voie de la culture ne fût pas facile

Et le premier par l'art a ému les champs, avivant les esprits des hommes par les soucis,

Et il ne supporta pas que son règne fût engourdi du lourd sommeil.

Avant son règne, il n'y avait pas de colons pour soumettre les champs,

Il était même interdit de marquer ou de partager les champs par une limite :

Ils cherchaient à tout avoir tous ensemble et la terre elle-même offrait tout

Librement,

Personne n'avait besoin de réclamer.

Ce grand dieu ajouta une humeur mauvaise aux noirs serpents

Et donna l'ordre aux loups de chasser et à la mer de se mouvoir,

Il fit tomber des feuilles en les secouant le miel et déroba le feu

Et partout réprima le vin qui courait dans les rivières

Afin que le besoin suscitât peu à peu les différents arts

Par la réflexion profonde

Et il fit rechercher l'épi du blé dans les sillons

Et il fit sortir le feu caché dans les veines de la pierre.

Tunc alnos primum fluuii sensere cauatas ;

Navita tum stellis numeros et nomina fecit,

Pleiadas, Hyadas, claramque Lycaonis Arcton ;

Tum laqueis captare feras et fallere uisco

Inventum et magnos canibus circumdare saltus ;

Atque alius latum funda iam verberat amnem

Alta petens, pelagoque alius trahit umida lina ;

Tum ferri rigor, atque argutae lammina serrae

Nam primi cuneis scindebant fissile lignum,

Tum uariae uenere artes : labor omnia uicit

Improbus , et duris urgens in rebus egestas.

Alors les fleuves pour la première fois sentirent des aulnes
qu'on avait creusés ;

Alors le marin dénombra, nomma les étoiles : les Pléiades, les
Hyades

Et la claire Arctos fille de Lycaon ;

Alors on trouva le moyen de capturer par des rets les animaux
sauvages,

De les tromper par de la glue,

Et d'entourer les grands halliers avec des chiens ;

Puis l'un se met à frapper le large fleuve d'un tramail,

Un autre gagnant le large marin y traine son lin humide.

Alors ce fut la rigueur du fer et les lames de la scie pénétrante

(Car les premiers hommes découpaient le bois ligneux à l'aide
de coins)

Alors les différents arts apparurent : le travail sans merci a tout
vaincu

Et le besoin qui nous presse dans les moments difficiles a tout
vaincu.

Flore déesse de la Végétation

GÉORGIQUES II   vers 458 à 535

———

L'éloge de la vie à la campagne est tout à la fois le rappel d'une morale et d'une éthique, un appel à la bienveillance des Muses dont le poète est le serviteur et une déclaration d'amour aux bêtes, aux arbres, aux herbes « heureuses » de servir de tapis aux chevreaux…

Mais Virgile n'opère pas un départ entre ces sujets auxquels il faudrait encore ajouter l'amour de la patrie, cette Rome qui fut jadis le lieu du bien et du bonheur. Jamais le poète ne distingue, ne sépare ; toujours il unit, confond les éléments en une alchimie poétique fondant les diversités en un chant, une polyphonie d'une rare puissance et pourtant d'une grande douceur.

Les paysans vivent dans la vérité, loin du mensonge des villes, loin du luxe superflu mais ils ne réalisent pas leur bonheur : il y a toujours une vérité au-delà des hommes, une vérité qui les dépasse, réservée, préservée par les dieux : Pénates, Muses, Sylvain (dieu des forêts), Nymphes (déesses des sources et des arbres), Pan (dieu de la nature unifiée).

Le poète « frappé d'un immense amour » pour l'univers, les étoiles, les planètes, les terres et les mers officie, chante par la grâce des Muses dont il est le célébrant : loin de l'orgueil romantique, loin des distinctions classiques, loin du maniérisme baroque, il est, il existe par la seule vertu de sa transparence au monde, de sa porosité à l'éternel, médiateur, conciliateur, pacificateur, abolissant toute antinomie, unissant les contraires, humble et savant, dépendant de l'amour que les arbres lui portent :

« Qui pourrait me protéger dans l'ombre de ses rameaux ? »

Bien avant Spinoza et son « Deus sive Natura » Virgile panthéiste se fait dispensateur d'une concorde qui embrasse les trois règnes : minéral ; végétal ; animal.

Enfin le poète n'oublie pas d'où il vient, cette patrie étrusque à l'origine de Rome et il nous quitte avec des accents de fierté, un hommage à « la Ville aux sept collines », préfigurant l'œuvre suivante et ultime, toute à la gloire de Rome, l'Enéide.

Auguste – Prima Porta

O fortunatos nimium, sua si bona norint,
Agricolas ! quibus ipsa, procul discordibus armis,
Fundit humo facilem victum iustissima tellus.
Si non ingentem foribus domusb alta superbis
Mane salutantum totis uomit aedibus undam
Nec uarios inhiant pulchra testudine postis
Inlusasque auro vestis Ephyreiaque aera,
Alba neque Assyrio fucatur lana ueneno
Nec casia liquidi corrumpitur usus oliui,
At secura quies et nescia fallere uita,
Diues opum uariarum, at latis otia fundis,
Speluncae, uiuique lacus et frigida Tempe
Mugitusque boum mollesque sub arbore somni
Non absunt ; illic saltus ac lustra ferarum
Et patiens operum exiguoque assueta iuuentus,
Sacra deum sanctique patres ; extrema per illos
Iustitia excedens terris uestigia fecit.

Ils sont trop heureux, trop chanceux, les paysans

Mais ils ne connaissent pas leur bonheur car c'est la terre elle-même,

Loin des armes et des discordes, la terre si juste,

Qui leur dispense une nourriture facile issue de son sol.

Si une haute demeure de ses portes altières ne vomit pas très tôt

De toutes ses pièces un énorme flot de clients venant les saluer

Et s'ils ne sont béants après des chambranles bigarrés de belle écaille,

Des vêtements où l'or se joue, des bronzes d'Ephiré,

Si pour eux la laine blanche n'est pas teinte d'un venin Assyrien,

Si leur usage de l'huile limpide n'est pas corrompu par de la cannelle,

Du moins les paysans ont un repos exempt de soucis,

Une vie ignorant le mensonge, riche en ressources variées ;

Du moins ils ont le loisir de vastes espaces, les grottes et l'eau vive des lacs,

Les fraîches vallées et les mugissements des bœufs

Et les doux sommes sous un arbre.

Là sont les bois, les pacages et la tanière des bêtes,

Là vit une jeunesse endurante à l'ouvrage, habituée à se contenter de peu,

Là le culte des dieux et le respect des pères ;

C'est là que la justice en quittant la terre a laissé ses derniers vestiges.

Me uero primum dulces ante omnia Musae,

Quarum sacra fero ingenti amore,

Accipiant caelique uias et sidera monstrent,

Defectus solis uarios lunaeque labores,

Unde tremor terris, qua ui maria alta tumescant

Obicibus ruptis rursusque in se ipsa residant,

Quid tantum Oceano properent se tingere soles

Hiberni, uel quae tardis mora noctibus obstet.

Sin, has ne possim naturae accedere partis,

Frigidus obstiterit circum praecordia sanguis,

Rura mihi et rigui placcant in uallibus amnes,

Flumina amem siluasque inglorius. O ubi campi

Spercheosque et uirginibus bacchata Lacaenis

Taugeta ! O qui me gelidis in vallibus Haemi

Sistat et ingenti ramorum protegat umbra !

Felix qui potuit rerum cognoscere causas,

Atque metus omnis et inexorabile fatum

Subiecit pedibus strepitumque Acheruntis auari !

Fortunatus et ille deos qui nouit agrestis,

Panaque Siluanumque senem Nymphasque sorores !

Mais moi, d'abord, avant tout, frappé d'un immense amour,

Que les Muses si douces dont je porte les sacrements
m'accueillent,

Qu'elles me montrent les routes du ciel et les étoiles,

Les défaillances variées du soleil et les épreuves de la lune,

L'origine du tremblement pour les terres,

Par quelles forces les hautes mers se gonflent

Puis ayant rompu ce qui leur fait obstacle

Reviennent se rasseoir en elles-mêmes,

Pour quelle raison les soleils d'hiver autant se hâtent de se
teindre dans l'océan

Ou quelles pauses s'imposent aux nuits tardives.

Mais si je ne pouvais avoir accès à ces partitions de la nature,

Un sang languissant dans mon cœur y faisant obstacle,

Que me plaisent les campagnes et les rivières qui baignent les
vallées,

Que je puisse sans gloire aimer les fleuves et les forêts.

Oh ! Où sont les plaines et le Sperchios et le Taygète

Offerts aux ébats des vierges de Laconie ?

Oh ! Qui pourrait me faire asseoir aux fraîches vallées de
l'Hémus ?

Qui pourrait me protéger dans l'ombre immense de ses
rameaux ?

Heureux qui peut de toutes choses connaître les principes,

Et fouler aux pieds toutes les craintes et l'inexorable destin

Ainsi que le fracas de l'Achéron avide !

Heureux, chanceux aussi l'homme qui fréquente les dieux
champêtres,

Pan, le vieux Sylvain et les Nymphes toutes sœurs !

Illum non populi fasces, non purpura regum

Flexit et infidos agitans discordia fratres

Aut coniurato descendens Dacus ab Histro ;

Non res Romanae perituraque regna ; neque ille

Aut doluit miserans inopem aut inuidit habenti.

Quos rami fructus, quos ipsa uolentia rura

Sponte tulere sua, carpsit nec ferrea iura

Insanumque forum aut populi tabularia vidit.

Sollicitant alii remis freta caeca ruuntque

In ferrum ; penetrant aulas et limina regum.

Hic petit excidiis urbem miserosque Penatis,

Ut gemma bibat et Sarrano dormiat ostro :

Condit opes alius defossoque incubat auro ;

Hic stupet attonitus rostris ; hunc plausus hiantem

Per cuncos, geminatus enim, plebisque patrumque

Corripuit ; gaudent perfusi sanguine fratrum

Exilioque domos et dulcia limina mutant

Atque alio patriam quaerunt sub sole iacentem.

Agricola incuruo terram dimouit aratro.

Un tel homme, ni les faisceaux du peuple ni la pourpre des rois

Ne l'ont fait fléchir, encore moins la discorde qui pousse l'un contre l'autre

Des frères sans foi ni loi, pas plus que le Dace qui descend de l'Ister conjuré

Ou la puissance romaine et celle de royaumes destinés à périr

…

Un tel homme n'est pas malheureux, il n'endure pas la pauvreté,

Il n'envie pas la richesse.

Les fruits d'un rameau, ceux que la campagne bienveillante porte elle-même

Spontanément, il les cueille et ne voit ni le fer des normes ni la folie du forum

Ni les caissiers du peuple.

D'autres tourmentent les sombres détroits de leurs rames,

D'autres se ruent sur le fer, pénètrent dans les cours et jusqu'au seuil des rois ;

Celui-ci cherche à prendre une ville et ses malheureux Pénates

Pour en faire des ruines à seule fin de boire dans la gemme

Et de dormir dans la pourpre de Sarra.

Celui-là croit fonder ses richesses et dort sur l'or qu'il a enfoui.

L'un reste hébété devant les rostres ; un autre est subjugué

Par des applaudissements, des applaudissements qui redoublent

A travers les gradins de la plèbe et des sénateurs.

D'autres encore, ayant répandu le sang de leurs frères s'en réjouissent

Et quittent pour l'exil la douceur de leur maison afin d'aller chercher

Une patrie située sous un autre soleil.

Le paysan, lui, disloque par l'araire incurvée la terre.

Hinc anni labor, hinc patriam paruosque nepotes

Sustinet, hinc armenta boum meritosque iuuencos ;

Nec requies, quin aut pomis exuberet annus

Aut fetu pecorum aut Cerealis mergite culmi

Prouentuque oneret sulcos atque horrea uincat.

Venit hiems : teritur Sicyonia baca trapetis ;

Glande sues laeti redeunt ; dant arbusta siluae ;

Et varios ponit fetus autumnus, et alte

Mitis in apricis coquitur uindemia saxis.

Interea dulces pendent circum oscula nati,

Casta pudicitiam seruat domus, ubera uaccae

Lactea demittunt, pinguesque in gramine laeto

Inter se aduersis luctantur cornibus haedi.

Ipse dies agitat festos fususque per herbam ;

Ignis ubi in medio et socii cratera coronant,

Te , libans, Lenaee, vocat, pecorisque magistris

Velocis iaculi certamina ponit in ulmo,

Corporaque agresti nudat praedura palaestra.

C'est grâce à elle, oui, c'est grâce à elle que le travail d'une année

Nourrit sa patrie et ses petits enfants,

C'est grâce à elle s'il nourrit les troupeaux de bœufs et les jeunes taureaux

Qui l'ont bien mérité.

Point de repos que l'année ne déborde de fruits ou de la portée des brebis

Ou de la gerbe de chaume de Cérès et ne charge les sillons d'une récolte

A venir à bout des greniers…

Vient l'hiver : aux pressoirs on brise la baie de Sycione ;

De la glandée les porcs rentrent joyeux ; les forêts donnent leurs arbouses ;

L'automne propose ses productions diverses

Et là-haut la vendange sucrée mitonne sur les rochers ensoleillés.

Pendant ce temps là, des nouveaux nés sont pendus aux baisers,

La chaste demeure préserve la pudeur,

Les vaches laissent pendre leurs mamelles pleines de lait

Et vigoureux les chevreaux luttent corne à corne sur l'herbe heureuse.

Quant à lui, il jouit des jours de fête, étendu sur l'herbe, auprès d'un feu,

Ses compagnons couronnant des cratères, il t'invoque avec des libations,

Bacchus, dispose sur un orme les cibles d'un concours pour le javelot véloce

A l'intention des maîtres du troupeau et dénude des corps endurcis

En vue d'une palestre champêtre.

Hanc olim ueteres uitam coluere Sabini,

Hanc Remus et frater ; sic fortis Etruria creuit

Scilicet et rerum facta est pulcherrima Roma

Septemque una sibi muro circumdedit arces.

Le temple de Cybbèle à Rome

Cette vie, les vieux Sabins la menèrent,

Cette vie, Rémus et son frère la vénérèrent.

C'est ainsi que la forte Etrurie a pu croître,

C'est ainsi à coup sûr et à partir de tout cela qu'elle est devenue la plus belle,

Notre Rome qui d'une seule enceinte embrassa sept collines.

Le temple de Mars Ultor

Virgile par Gabriel Jules Thomas

ÉNÉIDE I   vers 1 à 11

L'Enéide, le grand œuvre de Virgile, épopée en 12 livres, plus de 10 000 vers, fut sans doute dédiée à Octavius Augustus, le fondateur de l'empire romain.

Inspirée d'Homère (on peut y retrouver d'abord une Odyssée puis une Iliade) cette œuvre est cependant originale en raison de sa structure, de sa texture : tissage à la trame invisible qui mêle une narration légendaire, un résumé d'histoire et un récit d'actualité.

Ce parti pris conduit le poète, tout au long de son épopée, à fondre passé, présent et avenir en un seul regard tout comme les dieux, les hommes et son héros sont contraints d'être les partenaires d'un même jeu, d'un même enjeu : la fondation de Rome.

Aeneas est troyen, un fugitif, un vaincu qui deviendra vainqueur, un troyen donc un oriental qui sera à l'origine du peuple latin, d'une puissance occidentale, en fondant Rome.

Simple figurant dans la guerre de Troie homérique, Virgile, dans son poème lui donne le premier rôle ; avec Aeneas, le héros est éprouvé et c'est de ses malheurs que semble jaillir une flamme, une piété : son ennemie, la déesse Juno, épouse de Jupiter, garante et protectrice des liens du mariage, ne peut qu'abhorrer le fils de Vénus et d'Anchisa, ce bâtard, rejeton d'un mortel et d'une immortelle, ce qu'est proprement un héros dans l'antiquité.

Mais chez Virgile les dieux aussi ont leur douleur car ils peuvent être désavoués par un dieu plus puissant...

Le « Pius Aeneas », cet Aeneas si pénétré de piété nous dévoile un peu de l'âme de Virgile, celle d'un homme profondément religieux dans le sens du lien (religare et non relegere) qui prie tous les dieux et d'abord sa mère Vénus puis Jupiter, Juno mais aussi le Thybre, les Nymphes, Pan et tous ces dieux inconnus, ces dieux cachés ou même peut-être le dieu encore à venir, un homme qui souffre, qui se bat et qui prie sans écarter l'interrogation sur le mal, sur cette colère peu compréhensible qui persiste dans les âmes divines :

« Y a-t-il tant de colère dans les âmes divines, tant de colère dans les cieux ? »

Aeneas, un modèle, un juste, le héros de l'Enéide.

Juno Sospita

Arma uirumque cano, Troiae qui primus ab oris

Italiam fato profugus Lavinia uenit

Litora , multum ille et terris jactatus et alto

Ui superum saeuae memorem Iunonis ob iram

Multa quoque et bello passus, dum conderet urbem

Inferretque deos Latio, genus unde Latinum

Albanique patres atque altae moenia Romae.

Musa, mihi causas memora , quo numine laeso

Quidue dolens regina deum tot uoluere casus

Insignem pietate virum , tot adire labores

Impulerit. Tantaene animis caelestibus irae ?

Je chante les armes et le héros qui premier entre tous,

Chassé par le destin des rivages troyens

Vint en Italie sur la côte de Lavinium ;

Longtemps il fut jeté et sur terre et sur mer par la violence de ceux d'en-haut

En raison de la colère rancunière de la cruelle Juno ;

Longtemps aussi éprouvé par la guerre jusqu'à ce qu'il fondât sa ville,

Et portât ses dieux au Latium où trouvent leur origine

Et la race latine et les Albains nos pères et les hauts remparts de Rome.

Muse, rappelle moi les causes, pour quelle volonté contrariée,

La reine des Dieux en sa douleur a entrepris de faire rouler tant de malheurs,

De diriger tant d'épreuves sur un homme exceptionnel par sa piété ?

Y a- t-il tant de colère dans les âmes divines, tant de colère dans les cieux ?

Page suivante : *Pérégrinations d'Aeneas*

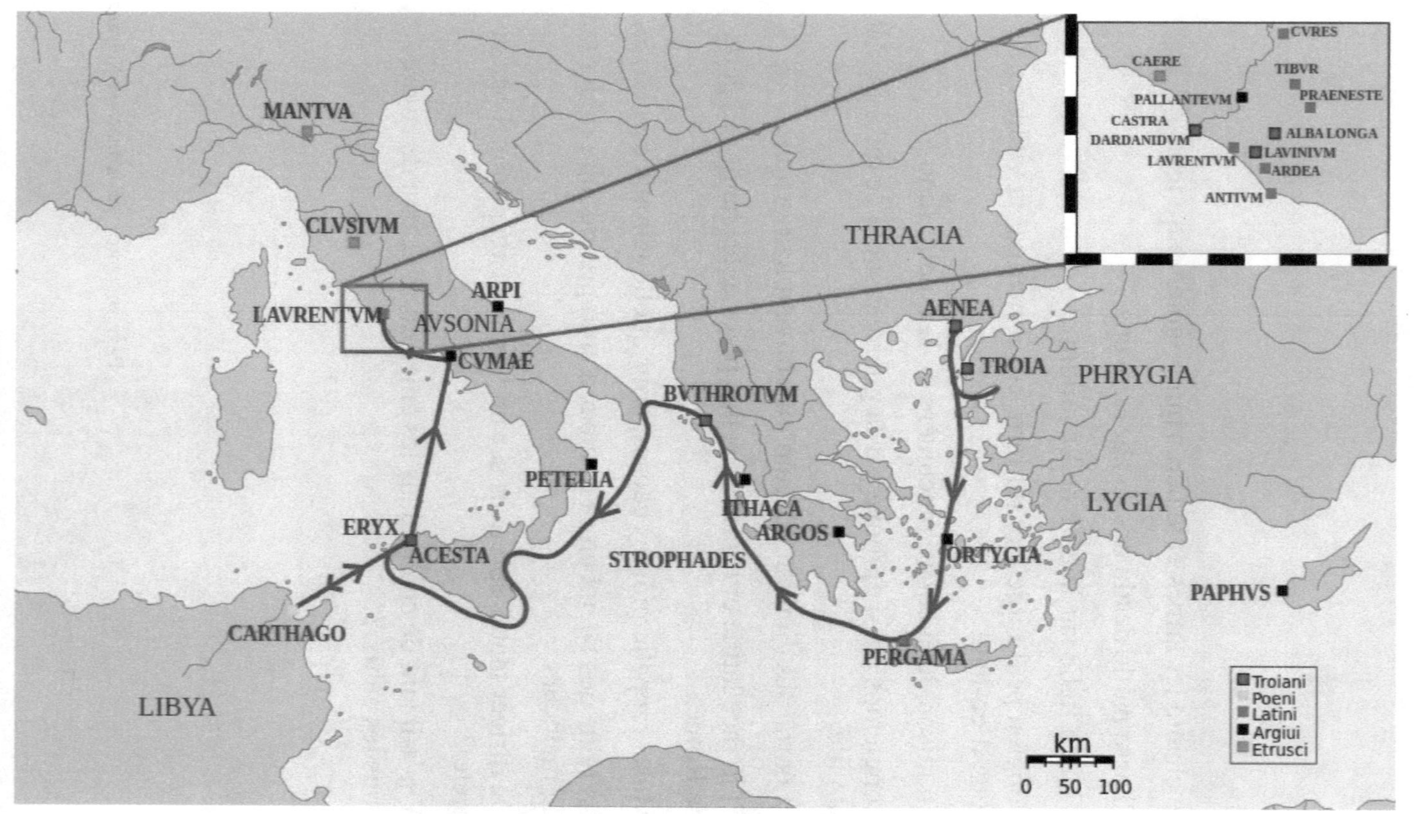
MANTVA
THRACIA
CVRES
CAERE
TIBVR
PALLANTEVM
PRAENESTE
CASTRA
DARDANIDVM
ALBA LONGA
LAVRENTVM
LAVINIVM
ARDEA
ANTIVM
CLVSIVM
ARPI
AENEA
LAVRENTVM
AVSONIA
TROIA
PHRYGIA
CVMAE
BVTHROTVM
PETELIA
LYGIA
ERYX
ITHACA
ACESTA
ARGOS
STROPHADES
ORTYGIA
CARTHAGO
PAPHVS
PERGAMA
LIBYA
km
0 50 100
Troiani
Poeni
Latini
Argiui
Etrusci

ÉNÉIDE I   vers 81 à 107

———

Après la prise de Troie et les massacres qui s'en suivent, Aeneas, son père Anchisa et son fils Ascanius (sa femme lui ayant été dérobée par les dieux) prennent la mer.

L'errance des fugitifs les mènera successivement en Thrace, en Crète, en Epire, en Sicile, à Carthage, de nouveau en Sicile où Anchisa est mort puis enfin en Italie ; ainsi le poète est amené à traiter une figure obligée du genre épique depuis Homère : la tempête en mer ; saura-t-il être original ?

C'est évidemment Juno qui obtient du dieu des vents, Aeolus, le déchaînement des éléments : ce qui est remarquable dans la description, le récit de cette tempête, est la production de l'effroi par la réunion des contraires, l'alliance des oppositions :

« montagne creuse … terre au milieu des flots … »

mais aussi le cri désespéré d'Aeneas lancé aux astres qui pourraient le sauver : la mort glorieuse n'est pas un malheur ; le malheur, c'est la mort anonyme au fond de la mer : il est glorieux de mourir en héros comme Hector de la main d'un autre héros ; en revanche, mourir victime des éléments, de par la volonté d'un dieu, ici la double volonté de Juno et d'Aeolus, voilà le vrai malheur, la honte, le déshonneur.

Virgile révèle dans cette page son humanisme : ce qui signale la grandeur de l'homme, c'est son courage qui fait qu'il lutte contre lui-même, contre un autre homme ; l'acharnement d'un dieu contre l'homme n'a pas de sens, pas de valeur puisque la lutte est inégale, le combat gagné d'avance, sans honneur, ni pour le dieu ni pour l'homme.

Il s'agit donc bien d'un humanisme qui place l'homme au centre du monde en pleine lumière et ravale les dieux en un lieu obscur, celui du doute et de l'incompréhension.

Aeneas est pieux, il observe les rites mais sans être dupe de la duplicité divine, inexplicable, incompréhensible, honteuse aux yeux de l'homme de courage.

Cette tempête a donc lieu « sous un crane » autant que sur ou sous la mer et Virgile nous gratifie pour notre bonheur et notre inquiétude d'un discours équivoque, d'une scène ambigüe avec la polysémie qui lui appartient en propre : le poète de la douceur sait aussi peindre la violence ; mais ici, il ne s'agit pas de peinture ; du cinéma plutôt ou même plus exactement : un dessin animé dans le genre fantastique.

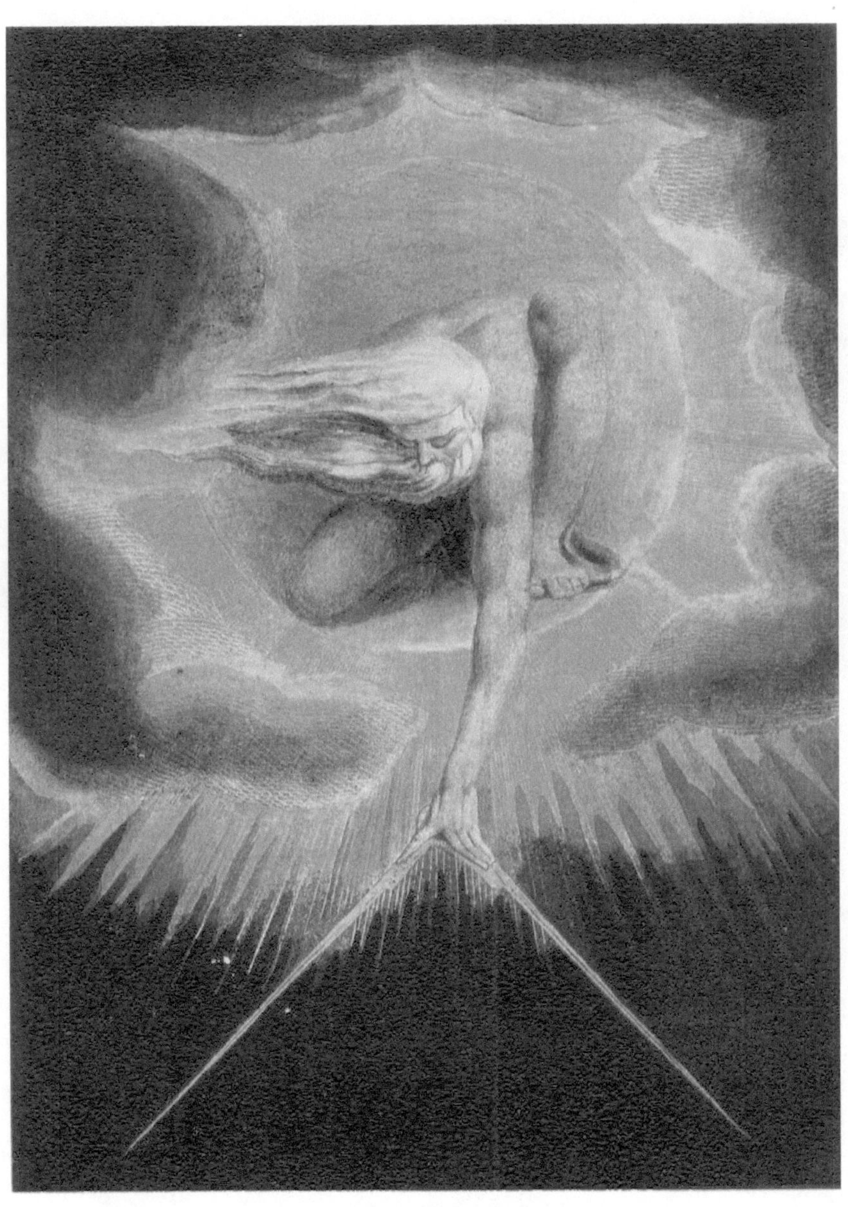

L'Eternel par W. Blake

Haec ubi dicta, cauom conversa cuspide montem

Impulit in latus : ac venti uelut agmine facto,

Qua data porta, ruont et terras turbine perflant.

Incubuere mari totumque a sedibus imis

Una Eurusque Notusque ruont creberque procellis

Africus et uastos uoluont ad litora fluctus ;

Insequitur clamorque virum stridorque rudentum.

Eripiunt subito nubes caelumque diemque

Teucrorum ex oculis ; ponto nox incubat atra.

Intonuere poli et crebris micat ignibus aether

Praesentemque viris intentant omnia mortem.

Extemplo Aeneae soluontur frigore membra ;

Ingemit et duplicis tendens ad sidera palmas

Talia uoce refert : « O terque quaterque beati,

Quis ante ora patrum Troiae sub moenibus altis

Contigit oppetere !

Ayant dit ces mots, Aeolus pousse une montagne creuse vers le large

De son trident brusquement renversé et les vents tels une armée constituée

Se ruent par la porte qui leur est ouverte et soufflent sur les terres

En tourbillonnant.

Ils se couchent sur la mer et la mer toute entière, ensemble l'Eurus, le Notus

Et dru d'ouragans, le vent africain, la font se ruer en tempête

Et roulent vers les rivages d'énormes flots …

Il s'ensuit la clameur des marins, le grincement des cordages.

Subitement les nuées arrachent des yeux des Troyens le ciel et la lumière :

Une nuit ténébreuse se couche sur les flots, les pôles tonnent

Et l'éther étincelle en de multiples feux.

Les marins voient la mort partout présente.

Brusquement Aeneas sent le froid lui couper les jambes : il gémit

Et tendant ses deux paumes vers les astres il crie de telles paroles :

« Oh ! Trois fois et quatre fois heureux ceux à qui il a été donné

D'affronter la mort sous les yeux de leur père sous les hauts remparts de Troie.

O Danaum fortissime gentis

Tytide ! mene Iliacis occumbere campis

Non potuisse tuaque animam hanc effundere dextra,

Saeuos ubi Aeacidae telo iacet Hector, ubi ingens

Sarpedon , ubi tot Simois correpta sub undis

Scuta virum galeasque et fortia corpora uoluit ! »

Talia iactanti stridens Aquilone procella

Velum adversa ferit, fluctusque ad sidera tollit.

Franguntur remi, tum prora auertit et undis

Dat latus, insequitur cumulo praeruptus aquae mons.

Hi summo in fluctu pendent ; his unda dehiscens

Terram inter fluctus aperit , furit aestus harenis.

Oh ! Fils de Tydée, toi le plus courageux de la race des Grecs,

Que n'ai-je pu tomber sur la plaine d'Ilion

Et rendre l'âme sous les coups de ta droite, là où le farouche Hector est tombé

Sous les traits de l'Aeacide, là où est tombé l'immense Sarpédon,

Là où le Simoïs roula sous ses ondes tant de boucliers arrachés,

Tant de casques et tant de cadavres de courageux héros. »

A lui qui n'en finissait pas de jeter de telles paroles répond un ouragan hurlant

Qui tel un véritable ennemi frappe la voile d'un Aquilon et soulève les flots

Jusqu'aux étoiles.

Les rames se brisent ; alors la proue vire de bord et offre le flanc aux ondes ;

Suit dans leur direction devant eux une montagne d'eau qui, abrupte se dresse.

Les uns restent perchés au sommet de la lame ; aux autres la mer qui se dérobe

Découvre la terre au milieu des flots ; des tourbillons se forment furieusement

Dans les sables …

Vue de Carthage de Claude Lorrain

ÉNÉIDE I   vers 418 à 440

Après plusieurs escales, Aeneas et ses compagnons débarquent sur la côte libyenne où ils découvrent un vaste chantier, les travaux d'une ville en construction ; il s'agit de Carthage, fondée par des Tyriens vers 820 av J.C, donc bien avant la fondation de Rome (753 av J.C)

Aeneas fasciné par le spectacle ignore que la ville qu'il voit s'élever préfigure la Rome future ; pourtant Virgile multiplie les signaux : « la colline plurielle » renvoie aux sept collines ; le « sillon » est celui que franchira Remus au péril de sa vie ; « les juges, les magistrats, le sénat » annoncent les institutions romaines ; les théâtres « hautes parures de scènes à venir » annoncent les hauts faits des romains.

Virgile lui-même, créateur d'échos, entre en résonance avec son œuvre antérieure, les Géorgiques, par une comparaison et l'œuvre des abeilles rejoint celle du poète :

« Ainsi chauffe le suc, ainsi s'échauffe l'œuvre »

Le charme étrange du merveilleux le dispute aux précisions de l'Histoire : c'est le chemin qui montre la voie ; le spectateur est invisible.

Une fois encore, Virgile nous dépayse et nous enchante en dédoublant le point de vue, en multipliant les images fortes (ces colonnes arrachées à la montagne), en organisant une confusion savante qui délivre un message clair : tout mène à Rome.

Mais pour le moment nous sommes à Carthage, ou plutôt à ce que deviendra Carthage, la rivale de Rome, la ville aimée de Juno et protégée par elle, la ville ennemie de Rome qui plus tard coûtera trois guerres avant d'être détruite.

« Cartago delenda est : il faut détruire Carthage »

Répétait le vieux Caton ; Aeneas, sans le vouloir vraiment, détruira sa reine, Dido, cette femme réfugiée comme lui, comme lui fondatrice, cette femme qu'il aimera et dont il sera aimé.

Carthage est dans l'Enéide le lieu d'une tragédie, d'une tragique histoire d'amour avant d'être l'enjeu d'une épopée.

JUNO

Greece, vol. twelve

Corripuere viam interea, qua semita monstrat.

Iamque ascendebant collem qui plurimus urbi

Imminet aduersasque aspectat desuper arces.

Miratur molem Aeneas, magalia quondam,

Miratur portas strepitumque et strata uiarum.

Instant ardentes Tyrii : pars ducere muros

Molirique arcem et manibus subuoluere saxa,

Pars optare locum tecto et concludere sulco ;

Iura magistratusque legunt sanctumque senatum.

Hic portus alii effodiunt ; hic alta theatris

Fundamenta locant alii, immanisque columnas

Rupibus excidunt, scaenis decora alta futuris.

Qualis apes aestate noua per florae rura

Exercet sub sole labor, cum gentis adultos

Educunt fetus, aut cum liquentia mella

Stipant et dulci distendunt nectare cellas,

Alors tous ensemble ils s'emparent de la voie que le chemin leur montre ;

Déjà ils gravissaient la colline plurielle qui domine la ville

Et regarde de haut les édifices adverses :

Aeneas admire le môle, des taudis autrefois, il admire les portes

Et s'étonne du vacarme, de la largeur des voies.

Ardemment les Tyriens se prodiguent : les uns tracent des murs,

Maçonnent un édifice,

Font rouler à sa base à mains nues des tambours ;

D'autres pour leur foyer futur choisissent un emplacement

Et l'enferment d'un sillon ; ils élisent des juges, des magistrats

Et un sénat sacré.

Ici l'on creuse les bassins d'un port ; là ce sont de larges fondations

Pour des théâtres que l'on aménage et l'on arrache à la montagne

D'énormes colonnes, hautes parures de scènes à venir…

Telles des abeilles à la saison nouvelle de par les campagnes en fleur

Que travaille sous le soleil le labeur quand elles conduisent au dehors

Les nymphes de la race destinée à grandir

Ou quand elles accumulent le miel liquide et gonflent leurs alvéoles

De ce doux nectar

Ou encore quand elles recueillent les charges des nouvelles arrivantes

Aut onera accipiunt uenientum, aut agmine facto

Ignauom fucos pecus a praesepibus arcent ;

Feruet opus redolentque thymo fragrantia mella.

" O fortunati, quorum iam moenia surgunt! "

Aeneas ait et fastigia suspicit urbis.

Infert se saeptus nebula (mirabile dictu)

Per medios, miscetque viris neque cernitur ulli.

Ou enfin quand, armée constituée, elles écartent de leurs ruches
Les frelons, paresseuse troupe …
Ainsi chauffe le suc, ainsi s'échauffe l'œuvre et les miels parfumés
Exhalent l'arôme du thym.
Oh ! Qu'ils sont heureux ceux dont déjà se dressent les murailles !
Ainsi parle Aeneas qui d'en bas contemple de la Ville les hauteurs…
Enclos d'une nuée, il porte ses pas (c'est admirable à dire)
Au milieu des hommes et se mélange à eux sans être vu d'aucun.

Aeneas racontant à Dido les malheurs de Troie par Guérin

ÉNÉIDE II vers 199 à 227

A Carthage, accueilli par la reine Dido, Aeneas raconte au cours d'un banquet divers épisodes de la prise de Troie : beaucoup d'horreurs, beaucoup de morts, beaucoup de meurtres et de sang répandu et ceci jusque sur les marches de l'autel d'un temple où le vieux Priam s'était réfugié mais je n'ai pas choisi ces scènes sanglantes ; c'est « une autre catastrophe encore plus terrifiante » que je présente au lecteur.

Plus terrifiante pour Virgile, pour Aeneas, la mort cruelle d'un prêtre et de deux enfants, d'autant plus terrifiante que ce forfait est voulu par une déesse.

Laocoon, prêtre de Neptunius qui avait brandi un javelot contre les flancs du monstrueux cheval de bois consacré à Minerva paie ainsi son attentat.

La machine de guerre imaginée par les Grecs, ce cheval de bois cachant une troupe armée, introduit dans leur ville par les Troyens eux-mêmes abusés, persuadés que les Grecs ont repris la mer, sera l'instrument de leur ruine.

Ce qui est à noter, c'est que ce fatal stratagème fut construit

« divina Palladis arte » grâce à l'art divin de Pallas

à l'instigation de Pallas Athéna, de Minerva dite la Tritonienne ; de fait, Pallas est un surnom de l'Athéna grecque appelée Minerva par les Latins, surnom emprunté par la déesse à une amie d'enfance qu'elle aurait tuée accidentellement au cours d'un jeu...

Pallas, selon une légende tardive, aurait été fille de Triton, dieu marin lui-même fils de Neptunius ; or, Virgile nous fait savoir que Laocoon avait été désigné par le sort comme prêtre de Neptunius « Laocoon ductus Neptuno sorte sacerdos »

Ainsi, en un jeu érudit mêlant échos et symboles, favorisant de multiples interprétations, de multiples lectures, Virgile suggère au lecteur que l'horreur peut trouver sa source dans le cœur des dieux ou dans les gestes maladroits des religieux.

« Laocoon, un prêtre, objet de la fureur des dieux,

Dévoré palpitant par ces monstres hideux ! Horreur ! »

Comme l'écrivit Hector Berlioz dans le livret des Troyens, son opéra inspiré de l'Enéide où le musicien rivalise avec le poète dont il se dit l'ami, le serviteur et dont il est peut-être l'égal génial en inspiration.

La mort de Laocoon

Hic aliud maius miseris multoque tremendum

Obicitur magis atque improuida pectora turbat.

Laocoon, ductus Neptuno sorte sacerdos,

Sollemnis taurum ingentem mactabat ad aras.

Ecce autem Gemini a Tenedo tranquilla per alta

(horresco referens) immensis orbibus angues

Incumbunt pelago pariterque ad litora tendunt ;

Pectora quorum inter fluctus arrecta iubaeque

Sanguineae superant undas ; pars cetera pontum

Pone legit sinuatque immensa uolumine terga.

Fit sonatus spumante salo ; iamque arua tenebant

Ardentisque oculos suffecti sanguine et igni

Sibila lambebant linguis uibrantibus ora.

Diffugimus uisu exsangues : illi agmine certo

C'est alors qu'une autre catastrophe encore plus terrifiante

S'abat sur les malheureux Troyens et affole leurs esprits

Qui ne pouvaient prévoir une telle horreur…

Laocoon choisi par le sort comme prêtre de Neptunius

Solennellement immolait un énorme taureau aux autels ;

Mais voici (c'est horrible à raconter…)

Que de Ténédos, à travers les eaux tranquilles et profondes

Deux anguilles s'allongent sur la mer en ondes immenses

Et ensemble tendent vers la plage.

Leurs corps sont cambrés au milieu des vagues,

Leurs crêtes rouges comme le sang dominent les ondes,

Leur queue trace un sillage dans la mer

Tandis que leur dos enroule puis déroule ses sinuosités
monstrueuses.

On entend un bruit sur la mer pleine d'écume.

Déjà elles touchaient terre, les yeux ardents et injectés de feu et
de sang,

Léchant de leurs langues vibratiles leurs gueules qui sifflaient.

Nous fuyons, exsangues à ce spectacle.

Laocoonta petunt ; et primum parua duorum

Corpora natorum serpens amplexus uterque

Implicat et miseros morsu depascitur artus ;

Post ipsum auxilio subeuntem ac tela ferentem

Corripiunt spirisque ligant ingentibus ; et iam

Bis medium amplexi, bis collo squamea circum

Terga dati superant capite et ceruicibus altis.

Ille simul manibus tendit diuellere nodos

Perfusus sanie uittas atroque ueneno,

Clamores simul horrendos ad sidera tollit :

Qualis mugitus fugit cum saucius aram

Taurus et incertam excussit ceruice securim.

At gemini lapsu delubra ad summa dracones

Diffugiunt saeuaeque petunt Tritonidis arcem,

Sub pedibusque deae clipeique sub orbe teguntur.

Quant à elles, elles vont droit sur Laocoon…

Et c'est d'abord les deux petits corps des enfants

Que chacun des deux serpents enlace et étreint,

Dévorant de morsures leurs malheureux membres.

Puis c'est le père lui-même qui tentait de les secourir les armes
à la main

Qu'ils saisissent et ligotent de leurs énormes nœuds.

Déjà deux fois autour de sa ceinture, deux fois autour de son
cou

Leurs corps pleins d'écailles l'étreignent et le dominent de leur
haute encolure.

Le malheureux prêtre s'efforce de ses mains de desserrer les
nœuds,

Ses bandelettes sacrées trempées de bave et de venin noir,

Tout en poussant des cris à horrifier les astres.

Ainsi meugle le taureau quand fuyant l'autel du sacrifice

Il tente de faire tomber la hache mal fixée sur sa nuque.

Mais les deux dragons fuient en glissant vers les hauteurs où
sont les temples

Et gagnent le sanctuaire de la cruelle Tritonienne

Pour se coucher aux pieds de la déesse sous l'orbe de son
bouclier.

Hector apparaissant à Aeneas

ÉNÉIDE II   vers 268 à 290

Le songe est l'une des portes qui ouvre sur l'au-delà permettant le dialogue entre les vivants et les morts ; le poète le dira explicitement à la fin du livre VI, celui de la descente aux enfers où Aeneas va retrouver son père disparu : « Il y a deux portes du sommeil, l'une est de corne, l'autre d'ivoire … »

Nous y reviendrons.

C'est la nuit ; tandis que le cheval vomit dans l'ombre sa charge de guerriers, Aeneas dort ; tout à coup, il voit en rêve Hector naguère tué par Achille et traîné autour des remparts attaché par les pieds au char du héros grec.

S'agit-il d'un rêve ou d'un cauchemar ?

Là encore Virgile ne choisit pas ; il unifie : cauchemar la vision de cet homme que les blessures défigurent, maculé de sang, répandant des flots de larmes ; rêve positif en ce discours qui sans aucun doute sauve la vie d'Aeneas lui permettant d'échapper à la mort, de fuir et d'accomplir son destin.

« Fuis, fils de Vénus, l'ennemi tient nos murs »

Encore une fois, j'emprunte les mots du livret d'Hector Berlioz au premier tableau de l'acte II des Troyens : le génie du musicien parvient à recréer par la magie des sons la distance et la proximité propres au rêve, le mélange d'horreur et de douceur de l'apparition ; il fait chanter l'ombre d'Hector en un long decrescendo qui envoûte et navre à la fois, organisant pour l'auditeur une sorte de communion funèbre ?

« Ah ! Fuis, fils de Vénus ! L'ennemi tient nos murs !

De son faîte élevé Troie entière s'écroule !

Un ouragan de flammes roule des temples aux palais ses
tourbillons impurs.

Va, cherche l'Italie où pour ton peuple renaissant

Après avoir longtemps erré sur l'onde

Tu dois fonder un empire puissant, dans l'avenir
dominateur du monde

Où la mort des héros t'attend. »

Le musicien égale le poète chez Berlioz comme chez Virgile et
ils sont frères : à la fin de ses Mémoires, Berlioz écrira qu'il ne
se console pas de n'avoir pas connu Virgile.

La prise de Troie - XVIIe siècle

Tempus erat quo prima quies mortalibus aegris

Incipit et dono diuom gratissima serpit.

In somnis ecce ante oculos maestissimus Hector

Visus adesse mihi largosque effundere fletus,

Raptatus bigis ut quondam, aterque cruento

Puluere perque pedes traiectus lora tumentis.

Ei mihi , qualis erat, quantum mutatus ab illo

Hectore qui redit exuuias indutus Achilli,

Vel Danaum Phrygios iaculatus puppibus ignis ;

Squalentem barbam et concretos sanguine crinis

Volneraque illa gerens, quae circum plurima muros

Accepit patrios. Ultro flens ipse videbar

Compellare virum et maestas expromere voces :

« O lux Dardaniae, spes o fidissima Teucrum,

Quae tantae tenuere morae ? Quibus Hector ab oris

Exspectate venis ? Ut te post multa tuorum

Funera , post varios hominumque urbisque labores

C'était le moment où le premier repos commence pour les malheureux mortels

Et où ce don des dieux s'insinue si délicieusement…

Tout à coup en songe voici qu'Hector profondément abattu me parut être là,

Devant moi, devant mes yeux et répandre des flots de larmes,

Emporté par un char à deux chevaux, comme autrefois,

Noir de poussière sanglante et les pieds enflés transpercés d'une lanière.

Hélas, dans quel état il était ! Comme il était loin de ce grand Hector

Qui revient chargé de ce qu'il a pris à Achille

Ou qui lance, à l'arrière des bateaux grecs, des feux phrygiens.

La barbe sale et les cheveux collés de sang, il portait les terribles blessures

Qu'il avait reçues si nombreuses autour des murs de la ville de son père.

Pleurant moi-même encore plus, je croyais interpeller le héros et m'arracher ces tristes paroles :

« Ô, lumière de Troie, espoir si ferme des fils de Teucer,

Pourquoi nous as-tu fait tant attendre ? Quels nombreux détours t'ont retenu ?

Hector, toi qu'on attendait tant ! De quels lointains rivages reviens-tu, dans quel état,

Après les si nombreux deuils des tiens, après les souffrances diverses des hommes

Defessi aspicimus ! Quae causa indigna serenos
Foedauit uoltus ? Aut cur haec uolnera cerno ? »
Ille nihil, nec me quaerentem uana moratur,
Sed graviter gemitus imo de pectore ducens,
« Heu fuge, nate dea, teque his » ait « eripe flammis.
Hostis habet muros ; ruit alto a culmine Troia »

Et de la cité nous te découvrons, nous qui sommes épuisés ?

Quelles raisons indignes rendent hideux tes traits sereins et pourquoi ces blessures que je vois ? »

Le héros ne dit pas un mot et ne perd pas son temps avec moi qui lui posait ces questions vaines

Mais poussant de lourds gémissements du fond de sa poitrine :

« Hélas, fuis, toi qui es né d'une déesse et arrache toi aux flammes qui t'entourent ; L'ennemi tient nos murs ; Troie tombe du haut de sa grandeur »

Les pénates

ÉNÉIDE III   vers 147 à 169

———————

Le sommeil, le songe permettent aux hommes non seulement de dialoguer avec les morts, comme Aeneas a pu le faire avec Hector mais de rendre les dieux visibles, de faire entendre leur voix : maintenant, ce sont les Pénates qui s'adressent à Aeneas.

Les Pénates, divinités du foyer, des provisions, de l'intérieur de la maison sont parfois représentés par deux jeunes gens assis tenant une lance et qualifiés de « dieux troyens » par Denis d'Halicarnasse ; ils symbolisent à l'évidence l'assise, le bien-être de la demeure, le lieu par excellence de la sécurité et du réconfort.

Ayant quitté Troie, Aeneas était d'abord allé en Thrace, au nord de la mer Egée où il pensait établir un nouveau foyer mais des signes d'horreur l'avaient fait renoncer ; il s'était ensuite dirigé vers la Crète que son père Anchisa désignait comme la terre d'origine de leurs ancêtres mais une épidémie de peste les en avait chassés.

Alors, Aeneas pense un moment à se rendre à Délos que l'on nomme aussi Ortygie pour consulter l'oracle d'Apollon mais les dieux, venant à lui, dénoncent ce voyage comme inutile.

Aeneas, fils de Vénus, est un héros en liaison permanente avec les dieux : ces dieux, Jupiter, Juno, Vénus, les Pénates et bien d'autres font de lui l'instrument de leurs volontés, un instrument souvent malmené, déchiré par les divergences de ces dieux « politiques » qui sont autant de forces contradictoires…

Aeneas est pris dans un champ de forces et c'est un miracle que sa personne subsiste, qu'elle n'éclate pas, que son identité ne soit pas détruite par un tel faisceau d'influences : c'est la marque du héros de dominer les vicissitudes de l'existence pour accomplir son destin : être lui-même ici-bas tout en tenant compte des volontés de ceux d'en haut.

Virgile, là encore, accorde les contraires, le haut et le bas, le ciel et la terre, les dieux et les hommes tout comme Aeneas trouve ses vraies racines dans l'avenir ; la fondation de Rome exige la brisure de la flèche du temps, le collapsus du passé, du présent et du futur.

Nox erat et terris animalia somnus habebat ;

Effigies sacrae diuom Phrygiique penates,

Quos mecum ab Troia mediisque ex ignibus urbis

Extuleram, uisi ante oculos astare iacentis

In somnis multo manufesti lumine, qua se

Plena per insertas fundebat luna fenestras ;

Tum sic adfari et curas his demere dictis:

Quod tibi delato Ortygiam dicturus Apollo est,

Hic canit et tua nos en ultro ad limina mittit.

Nos te Dardania incensa tuaque arma secuti,

Nos tumidum sub te permensi classibus aequor,

Idem uenturos tollemus in astra nepotes

Imperiumque urbi dabimus. Tu moenia magnis

Magna para longumque fugae ne linque laborem.

Mutandae sedes. Non haec tibi litora suasit.

Delius aut Cretae iussit considere Apollo.

Est locus, Hesperiam Graeci cognomine dicunt,

Terra antiqua, potens armis atque ubere glaebae ;

Oenotri coluere uiri ; nunc fama minores

Italiam dixisse ducis de nomine gentem :

Hae nobis propriae sedes, hinc Dardanus ortus

Iasiusque pater, genus a quo principe nostrum.»

Il faisait nuit et le sommeil tenait sous son emprise tout ce qui vit sur la terre ;

Les images sacrées des dieux et les Pénates de la Phrygie pris avec moi en m'éloignant de Troie

Et des feux qui ravageaient la ville se dressèrent bien visibles à mes yeux de gisant,

Sous la lumière très vive de la pleine lune qui se déversait par les fenêtres ménagées ;

Alors ils me parlèrent et levèrent toute angoisse par ces paroles :

« Ce que te dirait Apollon si tu retournais à Ortygie, il te le chante ici et même il nous envoie vers ta demeure.

Nous qui, Troie incendiée, avons suivi tes armes, nous qui sous ta conduite sur tes navires

Avons pris la mesure de la plaine tumescente de la mer,

De la même manière, nous porterons aux astres pour l'avenir tes descendants

Et à leur ville nous donnerons l'empire.

Toi, prépare de grandes murailles à cette grande entreprise

Et ne fuis pas la longue épreuve de l'exil.

Tes racines doivent être changées…

Ce ne sont pas ces rivages que le dieu de Délos t'a conseillé,

Ce n'est pas en Crète qu'Apollon t'a ordonné de t'installer.

Il est un pays que les Grecs nomment Hespérie,

Une terre antique, puissante par les armes et par la richesse de son sol,

Les Oenotriens l'ont habitée ; aujourd'hui la tradition rapporte que leurs descendants

Du nom de leur chef ont appelé ce pays « Italie »

C'est là pour nous que sont les vraies racines, c'est de là que viennent Dardanus

Et notre père Jasius à l'origine de notre race. »

Détail fresque du Fayoum - Berlin

ÉNÉIDE IV   vers 9 à 30

Aeneas et ses compagnons ont débarqué en réfugiés sur la côte africaine où ils demandent l'asile à la reine d'une ville nouvelle en cours de construction : Carthage ; cette reine a dû fuir la Phénicie car son frère a tué Sychaeus, la rendant veuve et contrainte à l'exil : avec ses Tyriens elle entreprend de fonder une ville sur la côte libyenne.

Ainsi ont-ils tous deux connu la souffrance et l'exil.

Dès qu'elle découvre Aeneas, Dido est subjuguée par la taille, la force, la beauté du héros ; comme si cette apparition n'était pas suffisante pour qu'elle tombe amoureuse, Vénus fera en sorte que le dieu Amour prenne les traits et l'apparence d'Ascanius, le fils d'Aeneas et ce subterfuge rendra leur liaison inévitable.

Et s'il n'y avait que les dieux pour enflammer cet amour !

Anna, la sœur de Dido, sa confidente lui tient un discours très politique pour la décider à céder à Aeneas : le Troyen lui serait un appui décisif pour tenir tête aux voisins, aux peuples hostiles qui convoitent Carthage et sa reine ; à cette politique, Anna ajoute un argument qui se veut décisif : Dido est jeune encore, trop jeune pour renoncer à l'amour ; elle devrait connaître la douceur d'être mère.

Enfin, Juno qui en veut aux Troyens depuis que Paris, lors du fameux jugement, lui préféra Vénus, se fait le soutien de Carthage et avec habileté, duplicité demande l'aide de Vénus pour cette affaire d'amour qui n'est que l'alibi de sourdes manœuvres.

La psychologie des dieux est aussi retorse que celle des humains : Vénus ne peut refuser à Juno son concours pour cette œuvre d'amour : l'union de Dido et Aeneas aura donc lieu selon la volonté des deux déesses même si à terme cette union est interdite par les dissensions de ces mêmes déesses.

Ainsi les dieux engagent-ils ces deux réfugiés, ces deux fondateurs, ces deux âmes-sœurs vers un amour impossible ; la cruauté des dieux est indéniable, elle est souvent dénoncée par Virgile.

Pourquoi un tel procès ?

Nous nous proposons de répondre ultérieurement à cette question.

Dido confie à sa sœur son amour pour Aeneas

« Anna soror, quae me suspensam insomnia terrent !

Quis nouos hic nostris successit sedibus hospes,

Quem sese ore ferens, quam forti pectore et armis !

Credo equidem , nec uana fides, genus esse deorum.

Degeneres animos timor arguit. Heu, quibus ille

Iactatus fatis ! Quae bella exhausta canebat !

Si mihi non animo fixum immotumque sederet

Ne cui me uinclo uellem sociare iugali,

Postquam primus amor deceptam morte fefellit ;

Si non pertaesum thalami taedaeque fuisset,

Huic uni forsan potui succumbere culpae.

Anna, fatebor enim, miseri post fata Sychaei

Coniugis et sparsos fraterna caede penatis

Solus hic inflexit sensus animumque labantem

Impulit. Agnosco ueteris uestigia flammae.

Sed mihi uel tellus optem prius ima dehiscat

Vel pater omnipotens adigat me fulmine ad umbras,

Pallentis umbras Erebi noctemque profundam,

Anna ma sœur, quels rêves me terrorisent au point que j'en deviens indécise,

Quel est ce nouvel hôte descendu dans notre palais,

Comme il porte sur son visage ce qu'il est !

Quelle poitrine puissante et quelles armes !

Je crois vraiment et ça n'est pas une vaine croyance

Qu'il est de la race des dieux…

La crainte révèle les âmes faibles.

Hélas ! Par quels revers de la destinée a-t-il été accablé, ce héros !

Quels combats épuisants il nous chantait !

Si en moi ne demeurait fixe, inébranlable

La volonté de ne plus m'associer à un homme par le lien conjugal

Depuis qu'un premier amour m'a trompée par la mort,

Si je n'avais pas pris en dégoût le lit conjugal et les flambeaux de l'hymen.

Pour cet homme uniquement je pourrais me laisser aller à faillir …

Anna, je vais te l'avouer, depuis que le destin a frappé mon pauvre mari Sychaeus,

Depuis que mes Pénates ont été dispersés par le meurtre perpétré par mon frère,

Seul cet homme a infléchi mes sentiments, a ébranlé mon cœur chancelant.

Je reconnais les marques d'une ancienne flamme.

Mais pour moi, que la terre en ses profondeurs s'abîme sous mes pas

Ou que le père tout puissant me conduise vers les ombres,

Les ombres pâles de l'Erèbe et leur profonde nuit,

Ante, pudor, quam te uiolo aut tua jura resoluo.
Ille meos, primus qui me sibi iunxit, amores
Abstulit ; ille habeat secum seruetque sepulcro »
Sic effata sinum lacrimis impleuit obortis.

Oui je le souhaite plutôt que de te violer, Pudeur,

Ou de me délier de tes serments.

Celui qui est parti, il les a emportées mes amours,

Lui qui le premier m'a unie à lui, qu'il les garde avec lui

Et les conserve dans la tombe.

Parlant ainsi, elle avait couvert de larmes les plis de sa robe.

ÉNÉIDE IV   vers 151 à 172

Ce n'est pas sans intentions que pour introduire une scène d'amour Virgile convoque des animaux (chèvres, cerfs, cheval, sanglier ou lion...), des jeunes gens (Ascanius et ses compagnons) et surtout la violence torrentielle d'un orage...

Ce que vivent Dido et Aeneas dans la grotte qui les abrite est tout sauf une passade ; les éléments, la Terre, Juno, les Nymphes élèvent leur union au statut d'orgasme cosmique.

Il faut écouter le poème musical, orchestral, choral que Berlioz propose en prélude à l'acte IV de ses Troyens, l'acte de l'amour, poème intitulé par lui « chasse royale et orage » ; vous y éprouverez la douceur onirique de la rencontre autant que la fureur des éléments déchaînés, vous y entendrez « le hurlement des nymphes » qui dit combien la nature toute entière participe à ce climax érotique.

Feu et tonnerre !

Il est sûr qu'à partir de ce moment Dido commence à se consumer, à se détruire...

Elle n'est qu'une femme amoureuse ; lui est un demi-dieu assisté de plusieurs déesses, détenant une puissance tellurique : la pauvre reine ne peut qu'être foudroyée.

La veuve de Sychaeus ne peut plus être le modèle de la veuve fidèle à son époux défunt à l'instar d'Andromaque vis-à-vis d'Hector ; elle trahit malgré elle et ne retrouvera sa cohérence que dans la mort, après la mort, dans les Enfers où Aeneas la reverra plus tard, rendue à elle-même, redevenue fidèle, délivrée d'un amour coupable.

Aux Enfers, aux Champs des Pleurs, Aeneas retrouvera Dido, protestant de son amour pour elle, un amour contrarié par le destin, Aeneas héros cornélien, déjà, faisant passer le devoir avant l'amour.

Mais celle-ci l'ignorera, ne répondra pas à ses mots de compassion et de tendresse, elle s'éloignera vers l'ombre de son premier mari, Sychaeus dont elle partage désormais à jamais l'infortune.

Postquam altos uentum in montis atque inuia lustra,

Ecce ferae saxi deiectae uertice caprae

Decurrere iugis ; alia de parte patentis

Transmittunt cursu camposque atque agmina cerui

Puluerulenta fuga glomerant montisque reliquont.

At puer Ascanius mediis in uallibus acri

Gaudet equo iamque hos cursu, iam praeterit illos,

Spumantemque dari pecora inter inertia uotis

Optat aprum, aut fuluum descendere monte leonem.

Interea magno misceri murmure caelum

Incipit, insequitur commixta grandine nimbus,

Et Tyrii comites passim et Troiana iuuentus

Dardaniusque nepos Veneris diuersa per agros

Tecta metu petiere ; ruont de montibus amnes.

Speluncam Dido dux et Troianus eandem

Deueniunt. Prima et Tellus et pronuba Iuno

Dant signum ; fulsere ignes et conscius aether

Conubiis, summoque ulularunt uertice Nymphae.

Après avoir atteint la haute montagne et des bourbiers
impraticables,

Voici que des chèvres sauvages jetées des sommets de pierre
dévalent des crêtes ;

Ailleurs des cerfs délaissant les montagnes traversent à la
course des espaces dégagés

Et constituent par leur fuite des hordes poudreuses…

Mais le jeune Ascanius au milieu des vallées jouit de son
cheval vif

Et maintenant, dans sa course, dépasse tantôt les uns, tantôt les
autres :

Il demande par des prières que parmi ce bétail sans nerf lui soit
donné

Un sanglier écumant ou un lion fauve qui descende la
montagne…

Cependant le ciel commence à se mêler d'un murmure
immense ;

Suit une pluie d'orage avec de la grêle mêlée à cette pluie

Et à l'aventure, les compagnons Tyriens, la jeunesse Troyenne

Le petit – fils de Vénus, le Dardanien Ascanius gagnent à
travers champs

En proie à la peur diverses abris ; les torrents se ruent du haut
des montagnes.

Ce fut dans la même grotte que Dido et le chef Troyen se
réfugièrent…

Terre la Première et Juno la nuptiale donnent le signal :

Il y eut des fulgurations de feu dans le ciel complice de cette
union,

Il y eut des hurlements de Nymphes dans les hauteurs et sur les
sommets…

Ille dies primus leti primusque malorum
Causa fuit ; neque enim specie famaue mouetur
Nec iam furtiuom Dido meditatur amorem :
Coniugium uocat, hoc praetexit nomine culpam.

Ce grand jour fut le premier jour où elle commença à se détruire,

Le premier jour et la cause de ses malheurs

Car désormais elle ne se soucie plus des apparences ou de sa réputation ;

Dido maintenant ne cherche plus à guérir un amour clandestin :

Elle le nomme un mariage et de ce nom cherche à couvrir sa faute.

Dido abandonnée

ÉNÉIDE IV   vers 642 à 665

———

L'Enéide comme l'Iliade et l'Odyssée est une épopée ; qu'est-ce à dire ?

L'épopée est le genre littéraire et musical qui magnifie la parole (epos en grec), la parole solennelle, le chant accompagné de musique.

S'il n'est pas douteux que le rhapsode homérique fut d'abord un chanteur ressemblant au troubadour médiéval, il semble qu'avec Virgile le genre évolue et d'une oralité issue de la mémoire se concentre toujours plus en une écriture destinée à la seule lecture ; en cela, le texte de Virgile tend vers ce qu'est la poésie telle que nous l'entendons aujourd'hui : on a pu dire que Virgile, c'est à la fois Péguy et Mallarmé ; Péguy pour la grande forme, le déferlement d'un long discours ; Mallarmé pour la concentration, l'extrême recherche du mot juste et de sa place dans l'enceinte resserrée du vers.

Pourquoi cette mise au point avant d'aborder la mort de Dido ?

Parce que ce personnage est d'abord « épique » avant d'être profondément humain ; épique dans le sens de la grandeur ; l'épopée, c'est la grandeur des héros, le merveilleux du conte, les péripéties de l'aventure, le symbolisme des actes, des situations, des scènes et des images, le charisme des protagonistes.

Dido parle d'elle à la troisième personne en disant que « sa grande image s'en ira sous la terre » ; elle est reine, fondatrice de Carthage, la rivale de Rome ; avant de disparaître, cette femme bafouée invoque Hannibal qui naîtra plusieurs siècles après elle, Hannibal responsable des trois guerres puniques qui mettront Rome au bord de l'abîme.

Elle est femme, femme amoureuse, délaissée, abandonnée au nom d'une grandeur supérieure à la sienne : la cause de Rome ; mais c'est en héroïne épique qu'elle veut mourir, par le fer, offerte en sacrifice et brûlée sur un bûcher dont les flammes seront vues de loin, en mer, par Aeneas et ses troyens en partance pour l'Italie. C'est le glaive de l'homme qu'elle aime qui lui donne « la grande mort » pour un ultime orage.

Le feu de son bûcher est la métaphore de son amour brûlant devenu visible pour tous…

Dido disparait tragiquement mais son geste est théâtral, spectaculaire, épique même s'il demeure avant tout bouleversant : pour vivre, ressentir avec elle cette immense douleur qui la mène au bord de la folie, écoutez l'acte V des Troyens d'Hector Berlioz.

La mort de Dido par Cayot — Le Louvre, Paris.

At trepida et coeptis immanibus effera Dido
Sanguineam uoluens aciem, maculisque trementis
Interfusa genas et pallida morte futura,
Interiora domus inrumpit limina et altos
Conscendit furibunda gradus ensemque recludit
Dardanium, non hos quaesitum munus in usus.
Hic, posquam Iliacas uestis notumque cubile
Conspexit, paulum lacrimis et mente morata
Incubuitque toro dixitque nouissima verba :
« Dulces exuuiae, dum fata deusque sinebat,
Accipite hanc animam meque his exsoluite curis.
Vixi et quem dederat cursum fortuna peregi,
Et nunc magna mei sub terras ibit imago.
Urbem praeclaram statui, mea moenia uidi,
Ulta virum poenas inimico a fratre recepi,
Felix, heu nimium felix, si litora tantum
Numquam Dardaniae tetigissent nostra carinae »

Or tremblante, effarouchée par la cruauté de son entreprise,

Dido, les yeux brillants d'un éclat sanglant, les joues agitées maculées,

Et pâle de sa mort prochaine franchit en courant le seuil de sa demeure,

Comme une folle gravit les hautes marches et dégaine le glaive Dardanien

Qui n'avait pas été requis pour cet usage.

Là, après avoir considéré les vêtements troyens et le lit si connu,

S'attardant un peu pour pleurer et penser, elle se jeta sur le lit

Et dit ces mots étranges :

«Vêtements qu'il était doux d'ôter tant que le dieu et les destins le permettaient,

 Recevez mon âme et déliez-moi de mes souffrances,

J'ai vécu et le parcours que le destin m'avait offert, je l'ai accompli.

Maintenant, pleine de grandeur, mon image va descendre aux enfers.

J'ai fondé une ville illustre, j'ai vu s'élever mes remparts.

Vengeant mon époux, d'un frère devenu mon ennemi j'ai obtenu le châtiment,

Heureuse, hélas, trop heureuse si seulement les vaisseaux Dardaniens

Jamais n'avaient abordé nos rivages »

Dixit, et os impressa toro, « Moriemur inultae,

Sed moriamur » ait. « Sic,sic iuuat ire sub umbras.

Hauriat hunc oculis ignem crudelis ab alto

Dardanus , et nostrae secum ferat omina mortis »

Dixerat, atque illam media inter talia ferro

Conlapsam aspiciunt comites, ensemque cruore

Spumantem sparsasque manus.

Elle a dit cela et après avoir appliqué sa bouche sur le lit, elle ajoute :

« Nous allons mourir non vengée mais il nous faut mourir,

C'est ainsi, c'est ainsi qu'il me plaît de disparaître chez les ombres d'en-bas.

Que du large le cruel Dardanien de ses yeux boive jusqu'au bout ce feu si cher

Et qu'il emporte avec lui les signes de notre mort. »

Au milieu de ces paroles, ses compagnes la voient s'affaisser sous le fer,

Le glaive bavant de sang et les mains maculées…

Dieu Neptune

ÉNÉIDE V   vers 835 à 861

Après la tragique escale de Carthage, la flotte d'Aeneas reprend la mer pour cingler vers l'Italie ; en tête de la file des vaisseaux, pour tracer la voie, le pilote Palinurus.

Cet homme, le meilleur des marins, va devenir une simple monnaie d'échange entre les dieux : Vénus qui redoute l'opposition de Juno au débarquement en Italie demande à Neptunius, dieu de la mer, de favoriser le projet troyen ; celui-ci consent à condition qu'un homme soit sacrifié :

« Un seul paiera de sa tête le salut de beaucoup d'autres. »

C'est ainsi que Palinurus est condamné par les dieux, de multiples dieux, les grands : Juno, Vénus, Neptunius et un petit dieu « Sommeil », un simple exécutant.

Tous ces dieux se comportent avec le cynisme, les exigences, la susceptibilité de chefs d'état, chacun défendant ses intérêts, son pré carré ; victime innocente de cette basse politique, Palinurus va mourir à son poste, à la poupe, tenant le gouvernail.

Le récit de ce drame est un sommet de poésie : réalisme de la vie de marin, onirisme d'un clair-obscur œuvre du dieu Sommeil, vérité des échanges entre le dieu et l'homme ; c'est aussi un comble de violence et de cruauté.

Encore une fois, les dieux sont dénoncés et l'on doit se demander ce qui pousse Virgile vers ce procès récurrent. Le polythéisme conduit nécessairement à des luttes d'influence, des rivalités, des conflits entre les dieux ; à cela s'ajoute pour certains d'entre eux une malignité, une sorte de jouissance dans le mal, une intelligence du mal infligé aux hommes qui trouble les sensibilités modernes.

Mais justement, Virgile lui-même troublé est en cela moderne ; on peut même se demander s'il n'a pas pressenti la venue et la nécessité d'un nouveau modèle divin : le monothéisme qui, en rupture avec le panthéisme antique, permet à la fois plus de cohérence dans les prises de décision et plus d'humanité dans leur exécution.

Si le Sommeil, petit dieu, est non seulement le véhicule des rêves mais un lien, un passage obligé entre les vivants et les morts, n'y aurait-il pas avantage à l'intégrer dans une divinité plus haute ?

Iamque fere mediam caeli Nox umida metam

Contigerat, placida laxabant membra quiete

Sub remis fusi per dura sedilia nautae,

Cum leuis aetheriis delapsus Somnus ab astris

Aera dimouit tenebrosum et dispulit umbras,

Te, Palinurus, petens, tibi somnia tristia portans

Insonti ; puppique deus consedit in alta

Phorbanti similis funditque has ore loquelas :

« Iasside Palinurus, ferunt ipsa aequora classem,

Aequatae spirant aurae, datur hora quieti.

Pone caput fessosque oculos furare labori.

Ipse ego paulisper pro te tua munera inibo »

Cui uix attolens Palinurus lumina fatur :

« Mene salis placidi uoltum fluctusque quietos

Ignorare iubes ? Mene huic confidere monstro ?

Aenean credam (quid enim ?) fallacibus auris

Et caelo, totiens deceptus fraude sereni ? »

Déjà la Nuit humide avait presque touché la borne médiane ;

Les marins couchés à la dure sous leurs rames détendaient leurs membres dans une paix profonde,

Quand, descendu des astres de l'éther, le Sommeil léger écarta les ténèbres de l'air

Et repoussa les ombres.

C'est toi qu'il cherche, Palinurus, c'est à toi l'innocent qu'il apporte de tristes songes ;

Ressemblant à Phorbas, le dieu s'est assis en haut de la poupe et ces mots sortent de sa bouche :

« Fils d'Iasos, Palinurus, les plaines marines portent la flotte, les brises soufflent régulières,

L'heure est au repos ; fais reposer ta tête et dérobe au labeur tes yeux fatigués ;

Je la remplirai moi-même quelque temps à ta place ta fonction. »

Palinurus lui répond, levant à peine les yeux :

« Est-ce à moi que tu ordonnes d'ignorer le visage de la mer placide en apparence

Et le calme des flots, moi je devrais me fier à ce calme monstrueux ?

Pourrais-je confier Aeneas (c'est bien cela) aux souffles fallacieux du ciel,

Moi tant de fois trompé par l'illusion de sa sérénité ? »

Talia dicta dabat, clauom adfixus et haerens

Nusquam amittebat oculosque sub astra tenebat.

Ecce deus ramum Lethaeo rore madentem

Uique soporatum Stygia super utraque quassat

Tempora, cunctantique natantia lumina soluit.

Vix primos inopina quies laxauerat artus,

Et superincumbens cum puppis parte reuolsa

Cumque gubernaclo liquidas proiecit in undas

Praecipitem ac socios nequiquam saepe uocantem ;

Ipse uolans tenuis se sustulit ales ad auras.

C'était ses propres mots et attaché à la barre, il l'étreignait, ne la lâchait jamais,

Gardant les yeux fixés sur les étoiles.

Et voici que le dieu secoue au-dessus de ses tempes une branche humide des eaux du Léthé,

Endormeuse par la vertu du Styx ; il relâche les yeux noyés du pilote qui résiste.

A peine cette langueur imprévue avait-elle commencé à détendre ses membres

Que s'appesantissant, le dieu le projette dans les flots limpides

Avec une partie de la poupe arrachée et le gouvernail.

Il tombe la tête en avant appelant en vain ses compagnons à plusieurs reprises.

Le dieu volant comme un oiseau s'est maintenu dans les airs impalpables…

ÉNÉIDE VI vers 268 à 304

———————

Est-ce « le Sommeil frère de la mort » qui introduit Aeneas dans les Enfers ?

En tous cas, c'est Nuit noire qui lui permet de voir et d'entendre son père Anchisa lui demander une rencontre dans « les demeures infernales de Pluton »

Nous sommes au livre VI centre de l'œuvre quand, guidé par la Sibylle, Aeneas franchit les portes du royaume des morts : le poète a voulu placer au cœur de l'Enéide cette catabase, cette descente aux Enfers, un monde baigné de lumière pourpre, un monde qui a son soleil et ses étoiles. Les demeures veuves de Dis, c'est-à-dire du riche en latin, de Pluton si l'on parle grec, abritent d'abord tous les maux : Deuil, Vengeance, Maladies, Vieillesse, Crainte, Faim, Pauvreté, Mort, Souffrances et Guerre ; puis il y a le Champ des Pleurs pour les victimes de l'amour (Aeneas y croisera Dido), d'autres séjours que compliquent les fleuves infernaux, Achéron, Cocyte, Styx par une géologie déroutante, le Tartare pour les réprouvés et enfin les Champs-Elysées pour les héros, les poètes, les grands hommes bienfaiteurs de l'humanité.

Après bien des rencontres imprévues échos d'épisodes antérieurs, Aeneas retrouve enfin son père qui lui désigne tous ceux qui rendront éternel le nom de Rome.

Ainsi au fond d'un abîme, grâce aux fantômes d'un passé retrouvé, Aeneas découvre l'avenir.

Mais il faut sortir, il faut quitter cet empire des morts et pour cela, nous dit Virgile, il y a deux portes, deux portes du Sommeil, l'une de corne par où montent les ombres réelles, l'autre d'ivoire par où les Mânes, les âmes, nous envoient les songes trompeurs.

Ces deux portes sont dites « geminae » c'est-à-dire jumelles : elles ne sont donc pas séparées mais reliées d'une affinité quasi biologique.

La porte de corne qui laisse passer les vraies ombres soit les ombres des être réellement morts est fermée pour Aeneas qui est un vivant ; la porte d'ivoire qu'il empruntera ne rend au jour que des rêves illusoires. Cela signifie non pas que ce qu'il vient de voir et d'entendre soit un mensonge mais qu'il n'en gardera que le souvenir d'un rêve.

Avec son génie propre, Virgile a conjugué dans ce livre central la terre et le ciel, les ombres et la lumière, les morts et les vivants, les mythes et l'histoire, l'horreur et la merveille, les rêves et le réel.

Le sacrifice d'Aeneas – François Perrier 1645

Ibant obscuri sola sub nocte per umbram

Perque domos Ditis uacuas et inania regna :

Quale per incertam lunam sub luce maligna

Est iter in siluis, ubi caelum condidit umbra

Iuppiter, et rebus nox abstulit atra colorem.

Vestibulum ante ipsum primis in faucibus Orci

Luctus et ultrices posuere cubilia Curae ;

Pallentesque habitant Morbi tristisque Senectus,

Et Metus et malesuada Fames ac turpis Egestas,

Terribiles visu formae, Letumque Labosque ;

Tum consanguineus Leti Sopor et mala mentis

Gaudia, mortiferumque adverso in limine bellum,

Ferreique Eumenidum thalami et Discordia demens

Viperum crinem uittis innexa cruentis.

In medio ramos annosaque bracchia pandit

Ulmus opaca, ingens, quam sedem Somnia uolgo

Vana tenere ferunt, foliisque sub omnibus haerent.

Ils cheminaient obscurs à travers l'ombre dans la nuit esseulée,

Par les demeures veuves de Dis, par d'inconsistants
territoires…

Tel le chemin, dans les bois, quand la lune est voilée,

Sous une lumière mauvaise quand Jupiter a placé dans l'ombre

Tout le ciel et quand la nuit ténébreuse a ôté aux choses toutes
couleurs.

Devant le couloir même, à l'entrée des gorges de l'Orcus,

Il y avait le Deuil et les soucis de Vengeance y avaient fait leur
lit ;

Les pâles Maladies y habitaient ainsi que la triste Vieillesse

Et la Crainte et la Faim, mauvaise conseillère et la honteuse
Pauvreté,

Toutes visions terrifiantes à contempler et la Mort et
Souffrance

Et le Sommeil frère de la mort et les joies mauvaises de
l'esprit,

Et sur le seuil, bien en face, la Guerre porteuse de mort

Et les couches de fer des Euménides et la Discorde démente

Nouée pour sa chevelure des rubans sanglants des vipères.

En plein milieu, un orme impénétrable tend ses bras chargés
d'ans

Et de rameaux, immense, c'est là que, dit- on,

 La foule des rêves inutiles a établi son siège,

Il y en a un de suspendu sous chaque feuille…

Multaque praeterea uariarum monstra ferarum,

Centauri in foribus stabulant Scyllaeque biformes

Et centumgeminus Briareus ac belua Lernae

Horrendum stridens, flammisque armata Chimaera,

Gorgones Harpyiaeque et forma tricorporis umbrae.

Corripit hic subita trepidus formidine ferrum

Aeneas strictamque aciem uenientibus offert,

Et ni docta comes tenuis sine corpore vitas

Admoneat uolitare caua sub imagine formae,

Inruat et frustra ferro diuerberet umbras.

Hinc uia Tartarei quae fert Acherontis ad undas.

Turbidus hic caeno uastaque uoragine gurges

Aestuat atque omnem Cocyto eructat harenam.

Portitor has horrendus aquas et flumina seruat

Terribili squalore Charon, cui plurima mento

Canities inculta iacet, stant lumina flamma,

Sordidus ex umeris nodo dependet amictus.

Ipse ratem conto subigit uelisque ministrat

Et ferruginea subuectat corpora cumba,

Iam senior, sed cruda deo uiridisque senectus.

En outre, de nombreuses formes monstrueuses d'animaux sauvages,

Les Centaures se trouvaient au-dehors ainsi que les Scylles doubles

Et le centuple Briarée, la bête de Lerne qui criait horriblement,

La Chimère armée de flammes, les Gorgones et les Harpyes,

Et une forme d'ombre à trois corps.

Aeneas, quant à lui, saisit son glaive, tremblant d'une frayeur subite

Et présente la pointe acérée à tous ceux qui surviennent

Et si sa docte compagne ne l'avait pas averti

Que c'étaient des vies ténues dépourvues de corps qui voltigeaient

Sous la creuse apparence d'une forme, Il se serait rué sur elles et aurait frappé de son fer inutilement des ombres …

A partir de là, il y a un chemin qui mène vers les eaux de l'Achéron

Infernal,   ce gouffre troublé danse dans la fange

Et dans un vaste tourbillon, Il vomit tout son sable dans le Cocyte.

Un passeur horrible veille sur ces eaux et sur ces fleuves, Charon,

D'une saleté effrayante dont une barbe négligée, blanche et fournie

Recouvre le menton, dont les yeux luisent comme des flammes,

Il porte sur les épaules, nouée, une étoffe sale qui pend …

C'est lui-même qui pousse la barque d'une perche et qui s'occupe

Des voiles, il transporte les corps dans son esquif rouillé ;

Il est déjà très vieux mais sa vieillesse est vive,

Verte comme celle d'un Dieu.

Le dieu Tibre

ÉNÉIDE VII   vers 25 à 36

Le Tibre est la voie naturelle qui mène au pied du Palatin, le site primitif de Rome.

S'il y a beaucoup de malheurs, de souffrances, de tragédies dans l'Enéide, on y trouve également des moments de plénitude, de bonheur, de joie paradisiaque où la vie, la nature, les hommes et les éléments exultent dans une communion sacrée.

Sur mer encore mais parvenant à proximité de l'estuaire du Tibre, pour Aeneas et ses hommes un prodige intervient : l'arrêt total et absolu des vents.

La flotte ne peut aller plus loin sans que les marins ne forcent sur leurs rames : une mer dure comme du marbre oppose sa résistance ; or un fleuve accueillant s'offre à leurs regards.

Ce fleuve est vert, miroir des bois qu'il reflète ; il est jaune, tout barbouillé de sable ; il est parfois, plus rarement, azuré lorsqu'il renvoie la couleur du ciel.

Sur ce ruban multicolore, Aeneas et ses compagnons iront jusqu'à ce qui sera Rome, escortés de chants d'oiseaux, légers, joyeux...

Peut-on pousser plus loin l'allégorie d'un mariage entre les hommes et la nature, l'union des hommes et des trois règnes, l'accord puissant entre l'effort des hommes et le dessein des Dieux ?

Oui, nous le verrons, lorsque Virgile donnera au fleuve un visage, lorsqu'il le fera parler pour délivrer un message rassurant, un message de paix et d'avenir, un message protecteur.

Iamque rubescat radiis mare et aethere ab alto

Aurora in roseis fulgebat lutea bigis,

Cum uenti posuere omnisque repente resedit

Flatus et in lento luctantur marmore tonsae.

Atque hic Aeneas ingentem ex aequore lucum

Proscipit. Hunc inter fluuio Tiberinus amoeno

Verticibus rapidis et multa flauos harena

In mare prorumpit. Variae circumque supraque

Adsuetae ripis uolucres et fluminis alueo

Aethera mulcebant cantu lucoque uolabant.

Flectere iter sociis terraeque aduertere proras

Imperat et laetus fluuio succedit opaco.

Déjà la mer rougissait de rayons et du haut de l'éther l'Aurore couleur de feu brillait

Lorsque les vents s'arrêtèrent et soudain tout souffle cessa.

Les rames peinent sur le marbre marin.

Or ici même Aeneas aperçoit un immense bois surgissant des flots…

Le traversant, de son flux riant le Tibre avec ses tourbillons rapides

 Et tout jaune du sable qu'il roule s'élance dans la mer.

Autour et au-dessus, divers oiseaux accoutumés aux rives et au lit du fleuve

Charmaient les airs de leur chant et voltigeaient dans la forêt.

Aeneas commande à ses compagnons de virer de bord, de tourner la proue vers la terre

Et, joyeux, s'avance sur le fleuve ombragé.

ÉNÉIDE VIII   vers 26 à 65

La Nuit, le rêve, l'apparition d'un dieu : le Tibre… C'est un vieillard vêtu de lin glauque couvert de roseaux : que signifie cette allégorie ? Le poète croit-il aux dieux qu'il imagine ?

Le problème de la religion de Virgile est bien difficile à résoudre : l'auteur du « Pius Aeneas » Enée le pieux, observateur scrupuleux des rites, amateur de prières, fils de Vénus et d'Anchisa, donc demi-dieu ; le dénonciateur de tant d'horreurs perpétrées par les dieux ; le promoteur d'une tradition qui fait des animaux ou des insectes (la louve ; telle truie ; les abeilles suspendant leur essaim à un rameau vert pour manifester une volonté divine) les truchements des divinités, tout cela est confus, contradictoire, déroutant, tout cela nous interroge et nul doute que Virgile lui-même s'interrogeait…

S'agit-il seulement, tel serait le cas du Tibre, d'une fiction décorative, d'un anthropomorphisme baroque faisant du fleuve un vieillard couronné de roseaux ?

Virgile cède-t-il à la tentation d'un esthétisme cette fois plus pictural que musical comme semble le dénoncer Hermann Broch dans son très beau livre « La mort de Virgile » ?

Virgile serait-il coupable de sacrifier toute croyance à l'élaboration minutieuse d'objets d'art destinés au seul plaisir délicat de quelques esthètes ?

Alors il ne serait ni prophète, ni philosophe, étranger à toute spiritualité, à tout « scrupule », ce mot se dit « religio » en latin…

Cela est inconcevable dès lors qu'on a goûté le bonheur de lire les Bucoliques, les Géorgiques et l'Enéide : l'ensemble de l'œuvre exhale la ferveur, la religiosité, l'amour des êtres et des choses :

« sunt lacrimae rerum ».

Si même les choses ont des larmes, comment un fleuve, un arbre, un animal pourraient ne pas nous émouvoir, ne pas partager avec nous leurs désirs ou leurs soucis ? Alors, par la magie du rêve, la nuit, dans le sommeil, une truie blanche marque un emplacement, un fleuve glauque prend un visage et nous parle longuement.

Nox erat et terras animalia fessa per omnis
Alituum pecudumque genus sopor altus habebat,
Cum pater in ripa gelidique sub aetheris axe
Aeneas tristi turbatus pectora bello
Procubuit seramque dedit per membra quietem.
Huic deus ipse loci fluuio Tiberinus amoeno
Populeas inter senior se attollere fronds
Visus : eum tenuis glauco uelabat amictu
Carbasus et crinis umbrosa tegebat harundo ;
Tum sic adfari et curas his demere dictis :
« O sate gente deum, Troianam ex hostibus urbem
Qui reuehis nobis aeternaque Pergama seruas,
Exspectate solo Laurenti aruisque Latinis,
Hic tibi certa domus, certi (ne absiste) penates ;
Neu belli terrere minis ; tumor omnis et irae
Concessere deum.
Iamque tibi, ne uana putes haec fingere somnum,
Litoreis ingens inuenta sub ilicibus sus
Triginta capitum fetus enixa iacebit,
Alba, solo recubans, albi circum ubera nati :

Il faisait nuit, par toute la terre un profond sommeil tenait sous son emprise

Les animaux fatigués, la race des oiseaux et celle des troupeaux,

Alors notre père Aeneas le cœur troublé par cette triste guerre s'étendit sur la rive,

Sous la froide voûte du ciel accordant à ses membres le repos attendu.

Le dieu du lieu lui-même, le beau fleuve du Tibre, un vieillard, lui sembla s'élever

Parmi les feuilles des peupliers.

Le lin d'une tunique glauque le protégeait, des roseaux ombreux recouvraient ses cheveux ;

Alors il s'exprima ainsi et dissipa les soucis par ces paroles :

« Ô fils des dieux, toi qui nous ramènes la ville de Troie soustraite à ses ennemis

Et qui nous sauves l'éternelle Pergame, toi qui étais attendu sur le sol des Laurentes

Et dans les champs latins, c'est bien ici ta demeure assurée (ne t'éloigne plus)

Tes Pénates sont ici en sécurité.

Ne sois pas terrifié par des menaces de guerre ; tout courroux, toute colère des dieux a cessé.

Maintenant, pour toi, afin que tu ne penses pas qu'un songe ait façonné de vaines images,

Sous les chênes de la rive sera en gésine une énorme truie toute blanche ayant mis bas

Trente nouveau-nés, couchée sur le sol, ses petits tout blancs autour de ses mamelles.

Hic locus urbis erit, requies ea certa laborum

Ex quo ter denis urbem redeuntibus annis

Ascanius clari condet cognominis Albam.

Haud incerta cano. Nunc qua ratione quod instat

Expedias uictor, paucis (aduerte) docebo.

Arcades his oris, genus a Pallante profectum,

Qui regem Euandrum comites, qui signa secuti,

Delegere locum et posuere in montibus urbem

Pallantis proavi de nomine Pallanteum.

Hi bellum adsidue ducunt cum gente Latina ;

Hos castris adhibe socios et foedera iunge.

Ipse ego te ripis et recto flumine ducam,

Aduersum remis superes subuectus ut amnem.

Surge age, nate dea, primisque cadentibus astris

Iunoni fer rite preces iramque minasque

Supplicibus supera uotis. Mihi uictor honorem

Persolues. Ego sum, pleno quem flumine cernis

Stringentem ripas et pinguis culta secantem,

Caeruleus Thybris, caelo gratissimus amnis.

Hic mihi magna domus, celsis caput urbibus exit »

Là sera l'emplacement de la ville ; là le terme certain de tes épreuves.

C'est le signe qu'au bout de trente années Ascanius fondera Albe dont le surnom est clair.

Ce que je te prédis est sûr.

Maintenant, comment pourras-tu échapper en vainqueur aux dangers qui te menacent ?

Ecoute-moi, je vais te l'apprendre en peu de mots…

Sur ces rives, des Arcadiens, race issue de Pallas, qui ont accompagné le roi Evander,

Qui ont suivi ses enseignes, ont élu domicile

 Et bâti sur des collines une ville nommée Pallantée du nom de leur ancêtre Pallas.

Ils mènent une guerre continuelle contre le peuple latin ; prends les pour alliés

Dans tes campagnes armées et conclus un pacte avec eux.

Moi-même je te conduirai adroitement entre mes rives afin que remontant mon cours

Tu l'emportes par tes rameurs sur le courant contraire.

Allons, lève-toi, fils d'une déesse, les astres commencent à se coucher,

Offre selon le rite des prières à Juno, triomphe par tes vœux de sa colère et de ses menaces.

Vainqueur, tu t'acquitteras envers moi en me rendant honneur.

C'est moi que tu vois couler à plein bord effleurant mes rives, coupant de riches cultures.

Moi le Tibre azuré, le fleuve le plus agréable au ciel.

Ici j'ai ma demeure ; ma source est à l'origine de hautes cités. »

Le dieu Fleuve

ÉNÉIDE VIII   vers 86 à 96

Le Tibre n'est pas simplement humanisé ; il est l'héritier de forces qui le dépassent : Terre, cosmos, les dieux lui confèrent le pouvoir d'arrêter son cours, arrêt sur image.

Ainsi le fleuve et les hommes concourent-ils au projet troyen : la fondation de Rome voulue non seulement par les dieux mais encore par la Nature toute entière.

Ce qui est admirable ici n'est pas tant le prodige que le réalisme d'une inversion du regard : habituellement, ce sont les hommes qui contemplent les fleuves ; ici, un fleuve du fond de son lit contemple l'artefact des hommes, des embarcations dont les coques décorées offrent aux yeux du dieu Tibre le spectacle bariolé de peintures qu'on imagine très colorées.

Les eaux admirent, le bois admire et le fleuve échange ses reflets avec ceux des boucliers : nature et culture se renvoient la balle.

Il y a chez Virgile une multiplication vertigineuse des points de vue, une incapacité à diviser, à séparer, une volonté d'unir, de sortir du subjectif pour toucher à l'essentiel : un monde unanime, un monde en harmonie, un monde réconcilié, un ordre de beauté, un « cosmos ».

Le génie cosmétique de Virgile transfigure les paysages en les rendant curieux des hommes qui les admirent : tout est vivant, sacré, tout mérite le respect, il n'y a plus de dominants et de dominés : écologie et industrie se font la courte échelle.

Le fleuve comme les hommes et les dieux a sa volonté propre, des sentiments, un projet, un regard ; les hommes croyant ramer sur l'eau « fendent les bois vert » de leurs rames ; le poète réalisant que tout se tient, que se confondent et surtout s'égalisent en leur pouvoir réfléchissant deux côtés du miroir dont les hommes ne sont que l'interface.

Rive boisée le long du Tibre – Nicolas Poussin

Thybris ea fluuium, quam longa est, nocte tumentem
Leniit et tacita refluens ita substitit unda,
Mitis ut in morem stagni placidaeque paludis
Sterneret aequor aquis, remo ut luctamen abesset.
Ergo iter inceptum celerant rumore secundo.
Labitur uncta uadis abies, mirantur et undae,
Miratur nemus insuetum fulgentia longe
Scuta virum fluuio pictasque innare carinas.
Olli remigio noctemque diemque fatigant,
Et longos superant flexus uariisque teguntur
Arboribus uiridisque secant placido aequore siluas.

Le Thybre cette nuit là et pendant toute la nuit

Calma le bouillonnement de son flux

Et refluant ses ondes muettes en arrêta le cours… tout doux

De manière à faire de sa surface une plaine liquide,

Tel un étang ou un marais placide pour épargner l'effort à la rame.

Ainsi heureusement secondés, nos troyens accélèrent le trajet commencé.

Enduit, le pin glisse sur les bas fonds

Et les eaux admirent et le bois étonné admire au loin

Les boucliers fulgurants des héros et la coulée de leurs carènes peintes.

Ces rameurs fatiguent et la nuit et le jour

Puis triomphant de longs détours sous une flore changeante

Ils fendent les bois verts dans la plaine placide.

Vénus montrant ses armes à Aeneas

ÉNÉIDE VIII vers 387 à 406

Vénus, mère d'Aeneas, demande à son époux Vulcain, le dieu forgeron, des armes pour son fils ; cette demande est audacieuse et l'on comprend que le dieu tant de fois bafoué hésite à assurer la protection d'un fils qui n'est pas le sien.

Mais Vénus dispose en maîtresse des armes de l'amour qui lui appartiennent en propre et Virgile nous fait partager ce moment d'intimité privilégié qui se devrait d'être exceptionnel à tous égards : une étreinte entre dieux, l'amour physique entre deux époux divins.

Or, contrairement à ce qu'on pourrait attendre, il nous offre une scène érotique des plus conventionnelles, presque banale même si elle nous charme par la tendresse si humaine dont elle est imprégnée.

Il est intéressant de comparer l'union physique de deux mortels, Dido et Aeneas, à celle de deux immortels, Vénus et Vulcain.

Dans la première, nous avons vu la nature, le Terre, le Ciel, les Nymphes participer au coït et produire un orage métaphore de l'orgasme ; avec la seconde, même s'il y a un élément commun, nous reconnaissons toute la douceur, toutes les séductions de l'amour humain jusqu'à ce sommeil qui suit l'étreinte.

Alors que penser des choix du poète, des penchants du penseur ?

Avec Vénus et Vulcain, il nous peint une étreinte conjugale, les bonnes habitudes des amours légitimes ; avec Dido et Aeneas, il s'agit de passion, de passion adultère pour Dido dans la mesure où elle s'est toujours voulue fidèle à la mémoire de son mari disparu.

Le couple humain, condamné à souffrir, connaît une joie, des sensations d'une intensité inconnue ; le couple divin, éternel, inséparable jouit tranquillement d'une tendresse certes partagée mais intéressée... Lequel de ces amours est le plus poétique ?

Où allait la dilection virgilienne ?

Vénus, bonne mère sinon bonne épouse a rempli son devoir...

Où Virgile place-t-il le divin ?

Mars désarmé par Vénus – Jacques Louis David.

Dixerat et niueis hinc atque hinc diua lacertis

Cunctantem amplexu molli fouet. Ille repente

Accepit solitam flammam notusque medullas

Intrauit calor et labefacta per ossa cucurrit,

Non secus atque olim tonitru cum rupta corusco

Ignea rima micans percurrit lumine nimbos.

Sensit laeta dolis et formae conscia coniunx.

Tum pater aeterno fatur deuinctus amore :

« Quid causas petis ex alto ? Fiducia cessit

Quo tibi, diua, mei ? Similis si cura fuisset,

Tum quoque fas nobis Teucros armare fuisset ;

Nec pater omnipotens Troiam nec fata uetabant

Stare decemque alios Priamum superesse per annos.

Et nunc, si bellare paras atque haec tibi mens est,

Quidquid in arte mea possum promittere curae,

Quod fieri ferro liquidoue potest electro,

Quantum ignes animaeque ualent, absiste precando

Uiribus indubitare tuis.» Ea uerba locutus

Optatos dedit amplexus placidumque petiuit

Coniugis infusus gremio per membra soporem.

Elle avait ainsi parlé et la déesse encore et encore échauffe de ses bras de neige

Son époux hésitant par un tendre embrassement.

Il reçoit soudain la flamme accoutumée et la chaleur parcourt ses membres transportés ;

Ainsi souvent quand le tonnerre éclate, un trait enflammé parcourt les nuages,

Tout brillant de lumière.

Joyeuse de sa ruse, consciente de sa beauté, l'épouse l'a senti ;

Alors, vaincu par l'éternel amour, en père il lui dit :

« Pourquoi chercher des raisons dans le ciel ? Ai-je perdu ta confiance, déesse ?

Si jadis tu avais eu le même souci, il m'eût été permis d'armer les Troyens ;

Ni le Père tout puissant ni les Destins ne défendaient que Troie résistât

Et que Priam survécût pendant des années.

Maintenant, si tu prépares la guerre, si c'est ton intention,

Tout ce que je peux promettre de soins dans le travail de mon art,

Tout ce qui peut être fait avec le fer fondu ou l'alliage d'électrum,

Tout ce que valent mes feux et mes soufflets, tu l'auras,

Cesse de me prier, cesse de douter de tes pouvoirs »

Ayant dit ces mots, il lui donna les embrassements attendus

Et couché sur le sein de son épouse, ses membres furent gagnés d'un doux sommeil.

ÉNÉIDE VIII   vers 625 à 634

———

Le parallèle Homère - Virgile ne peut être évité : le poète latin connaissait parfaitement les poèmes grecs et l'on a trop dit que l'Enéide était une Odyssée que suivait une Iliade, ce qui est inexact. Si Virgile doit beaucoup à Homère, il en diffère profondément comme nous allons le montrer à propos du bouclier d'Aeneas.

Dans l'Iliade, Thétis, mère d'Achille demande à Héphaïstos de forger de nouvelles armes pour son fils : le dieu commence par un bouclier ; celui-ci est composé de cinq plaques superposées qui le rendent impénétrable : à partir de l'intérieur, une plaque de bronze, une d'étain, une d'or au milieu puis de nouveau de l'étain et du bronze pour finir en surface.

Ce bouclier tel une série de bandes dessinées circulaires est décoré de scènes variées : au centre le ciel et la terre avec la représentation de la paix et de la guerre puis des scènes de la vie champêtre avec des laboureurs, des moissonneurs, des vendangeurs, ensuite des scènes de la vie pastorale avec un choeur dansant enfin à l'extrême bord une vue de l'océan qui selon la géographie de l'époque fait le tour de la terre.

Dans l'Enéide, c'est Vénus qui demande à Vulcain des armes pour Aeneas : entre autres, un bouclier, motif incontournable déjà traité non seulement par Homère mais aussi par Hésiode avec le bouclier d'Hercule.

Virgile se situe donc dans une tradition artistique et littéraire et ne prétend pas innover ; en cela, il est homme de culture ; cependant, la description du bouclier d'Aeneas est fort différente : d'abord Virgile prévient son lecteur :

ce bouclier est indescriptible…

« non enarrabile textum »

Le poète latin s'abstient de tout réalisme : nous ne saurons pas de combien de plaques le bouclier est constitué ; par ailleurs, si Homère nous gratifie de scènes de genre souvent très visuelles qui se déroulent dans l'espace, Virgile quant à lui annonce d'emblée que le bouclier délivre un message situé dans le temps, le temps de l'Histoire, l'histoire de l'Italie et des triomphes romains qu'il ne pourra intégralement passer en revue ; il part des origines, la louve, et nous mène jusqu'au présent de l'actualité, son présent, celui d'Octavius Augustus avec la bataille d'Actium dont le tableau constitue le couronnement du chef d'œuvre.

Si l'art d'Homère se colore souvent de réalisme et d'une certaine bonhommie populaire, celui de Virgile, plus distancié demeure résolument patricien. (Le premier est d'essence orale, le second relève de l'écriture)

Au sujet de la louve, le poète s'abandonne à l'un de ses penchants favoris : la polysémie ; il se reconnaît en cette louve qui façonne les corps des jumeaux de sa langue ; le poète quant à lui façonne, imagine (fingere à l'origine de fiction) le corps de son œuvre, lui confère une forme grâce à la langue poétique.

Bouclier

Miraturque [...]

Hastamque et clipei non enarrabile textum

Illic res Italas Romanorumque triumphos

Haud uatum ignarus uenturique inscius aeui

Fecerat ignipotens ; illic genus omne futurae

Stirpis ab Ascanio pugnataque in ordine bella.

Fecerat et viridi fetam Mauortis in antro

Procubuisse lupam, geminos huic ubera circum

Ludere pendentis pueros et lambere matrem

Impauidos, illam tereti ceruice reflexam

Mulcere alternos et corpora fingere lingua.

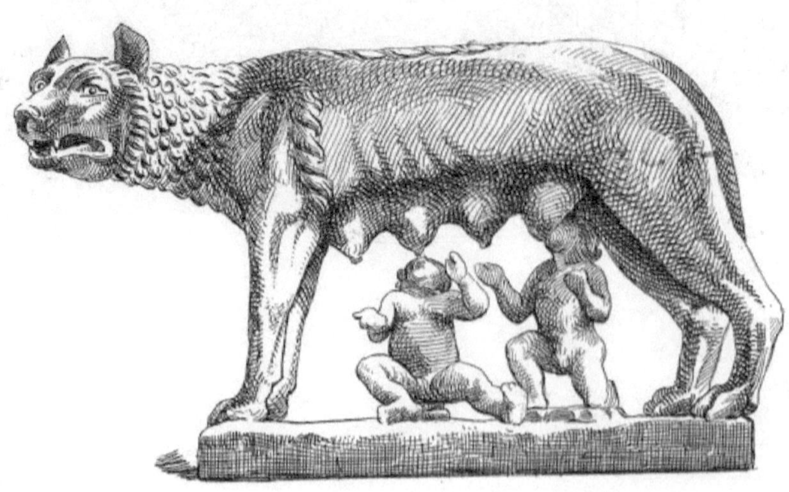

Aeneas admire la lance et le travail qui ne peut être décrit en détail du bouclier :

Sur cette merveille, le dieu tout puissant sur le feu

Qui n'ignorant pas l'art des devins savait l'avenir,

Avait gravé l'histoire de l'Italie et les triomphes des Romains ;

On y voyait toute la race des futurs descendants d'Ascanius

Et leurs guerres menées selon l'ordre.

Il avait gravé la louve qui venait de mettre bas dans l'antre verdoyant de Mars,

Les enfants jumeaux pendus à ses mamelles jouaient et tétaient leur mère,

Impavides, tandis que celle-ci son col rond tourné vers eux

Les touchait légèrement l'un après l'autre

Et façonnait leurs corps de sa langue.

VIRGILE - ANTHOLOGIE   - 158 -

ÉNÉIDE VIII   vers 671 à 713

En 31 A C, à proximité du promontoire d'Actium sur la baie d'Ambracie en Grèce eut lieu une bataille navale qui modifia l'histoire du bassin méditerranéen pour des siècles...

Octavius Augustus y triomphe de Marcus Antonius allié à Cleopatra, reine d'Egypte ; c'est la victoire de Rome sur l'Orient, de l'occident sur une coalition de royaumes que les romains hellénisés qualifient de barbares.

Que Virgile ait choisi le parti d'Octavius et non de Marcus Antonius n'a rien de surprenant : le premier, neveu de Jules César, cérébral et fin politique ; le second, très physique, viveur et brutal.

Le tableau somptueux que nous offre Virgile, ultime cercle du bouclier d'Aeneas, fait penser aux films à grand spectacle en technicolor tournés aux U S A dans les années 50 au vingtième siècle tels « Quo Vadis » ou Ben Hur...

L'éclat, les couleurs, les plans larges ou tel brusque changement de focale comme ce zoom sur les tempes d'Octavius ou d'Agrippa « vomissant de flammes » ou « dignes des rostres », les comparaisons, tout concourt à susciter l'admiration ou l'effroi.

Pourtant ce qui nous touche le plus, paradoxalement, dans cette mise en scène du collectif et de la grandeur, c'est peut-être cette reine promise à la mort et la mention du Nil souffrant, compatissant et prêt à offrir un refuge, un asile aux vaincus.

Certes Virgile se montre ici avant tout patriote, patriote engagé ; il est peu de passages dans l'Enéide qui montrent aussi bien sa déférence et sa pleine adhésion à la politique augustéenne, (relevons le paradoxe d'un poète à la fois engagé, pleinement concerné par les réalités, l'actualité de son temps et cependant soucieux en permanence du passé, des symboles et des mythes)

Augustus combat avec le peuple, les sénateurs mais aussi avec les dieux ; Agrippa, son gendre, général et administrateur hors pair est l'artisan de cette victoire qui doit autant à ses talents multiples enracinés dans le réel qu'à l'assistance divine :

« Et les vents et les dieux sont avec lui ... »

Mais au-delà de toutes les intentions, de tout engagement, de toute idéologie, ce qui frappe et ce qui perdure pour le lecteur est la splendeur du poème qui s'inscrit dans notre mémoire, réalisant le miracle de l'alliance entre le sublime et le quotidien, la violence et la compassion, le divin et la plus touchante humanité.

Cléopatre

Marc Antoine

Octave

Agrippa

Haec inter tumidi late maris ibat imago

Aurea, sed fluctu spumabant caerula cano,

Et circum argento clari delphines in orbem

Aequora uerrebant caudis aestumque secabant.

In medio classis aeratas, Actia bella,

Cernere erat, totumque instructo Marte uideres

Feruere Leucaten auroque effulgere fluctus.

Hinc Augustus agens Italos in proelia Caesar

Cum patribus populoque, Penatibus et magnis Dis,

Stans celsa in puppi, geminas cui tempora flammas

Laeta uomunt patriumque aperitur uertice sidus.

Parte alia uentis et dis Agrippa secundis

Arduos agmen agens ; cui, belli insigne superbum,

Tempora nauali fulgent rostrata corona.

Hinc ope barbarica uariisque Antonius armis,

Uictor ab Aurorae populis et litore rubro,

Aegyptum uirisque Orientis et ultima secum

Bactra vehit, sequiturque (nefas) Aegyptia coniunx.

Parmi ces visions, l'image large et dorée d'une mer gonflée
s'étendait à perte de vue

Mais les violets marins se frangeaient de l'écume éclatante des
flots

Et, tout autour, argentés, de clairs dauphins balayaient en cercle
la plaine liquide

Et coupaient de leurs queues le brasier de la mer.

Au centre on pouvait voir les escadres de bronze, les combats
d'Actium,

Et même, on l'aurait cru, Mars une fois construit, tout Leucate
bouillir

Et des flots émaner comme une foudre d'or.

D'un côté, Augustus César entraîne dans les combats les
italiens avec leurs sénateurs,

Le peuple, leurs Pénates et leurs grands dieux…

Il se tient debout sur la poupe élevée, ses tempes heureuses
vomissent des flammes jumelles

Et l'étoile de la patrie apparait au zénith de son front.

Ailleurs, Agrippa (et les vents et les dieux sont avec lui)
entraîne l'armée la tête haute ;

Orgueilleuse parure guerrière, une couronne navale fait
fulgurer ses tempes dignes des rostres.

De l'autre côté, au milieu des forces barbares et d'armes
disparates,

Antonius vainqueur du fait des peuples de l'aurore, loin des
rougeurs des côtes du couchant,

Traîne l'Egypte avec ses orientaux et même l'ultime Bactriane
est avec lui,

Et de plus, sacrilège, son épouse, l'Egyptienne, le suit.

Una omnes ruere ac totum spumare reductis

Conuolsum remis rostrisque tridentibus aequor.

Alta petunt ; pelago credas innare reuolsas

Cycladas aut montis concurrere montibus altos :

Tanta mole uiri turritis puppibus instant.

Stuppea flamma manu telisque uolatile ferrum

Spargitur, arua noua Neptunia caede rubescunt.

Regina in mediis patrio uocat agmina sistro

Necdum etiam geminos a tergo respicit anguis.

Niligenumque deum monstra et latrator Anubis

Contra Neptunum et Venerem contraque Mineruam

Tela tenent. Saeuit medio in certamine Mauors

Caelatus ferro tristesque ex aethere Dirae

Et scissa gaudens uadit Discordia palla,

Quam cum sanguineo sequitur Bellona flagello.

Actius haec cernens arcum intendebat Apollo

Desuper : omnis eo terrore Aegyptus et Indi,

Omnis Arabs, omnes uertebant terga Sabaei.

Tous à la fois de se ruer et toute la plaine liquide convulsée d'écumer sous les rames

Et les rostres aux trois dents.

Ils gagnent le large ; on croirait voir les Cyclades révulsées s'avancer en nageant sur la mer

Ou de hautes montagnes courir les une au devant des autres

Tant il y a d'hommes debout, massés sur les tourelles des poupes.

L'étoupe en flammes, le fer en vol sont semés par la main, par les armes,

Des champs neptuniens nouveaux rougissent du massacre.

La reine au milieu des combats appelle ses troupes du sistre de ses pères

Et ne voit pas encore les serpents jumeaux qui sont pourtant derrière elle…

Les monstres divins issus du Nil, Anubis, l'aboyeur, prennent les armes contre Neptunius,

Contre Vénus et même contre Minerva.

En plein cœur du combat sévit l'antique Mars ciselé dans le fer

Et du haut de l'éther, tristement, les Furies ;

Quant à Discorde, exultante, elle va à l'aventure en manteau déchiré,

Escortée de Bellone qui tient son fouet sanglant.

L'Apollon d'Actium qui d'en haut voyait tout cela bandait son arc :

Terrorisés du dieu, tous les égyptiens, tous les indiens, tous les arabes, tous les sabéens

Tournaient le dos.

Ipsa uidebatur uentis regina uocatis
Uela dare et laxos iam iamque immittere funis.
Illam inter caedes pallentem morte futura
Fecerat ignipotens undis et Iapyge ferri,
Contra autem magno maerentem corpore Nilum
Pandentemque sinus et tota ueste uocantem
Caeruleum in gremium latebrosaque flumina uictos.

Quant à la reine, on la voyait en personne, après qu'elle eut imploré les vents,

Faire donner de la voile, relâcher les écoutes, envoyant les cordages encore et encore…

Celui qui tient le feu en sa puissance l'avait représentée au milieu des cadavres,

Pâlissante de sa mort prochaine, emportée par les ondes et les vents de l'Iapix ;

En face, il y avait le Nil, souffrant en son corps immense, déployant ses plis,

Appelant en son sein violet, dans ses retraites obscures, leur ouvrant toute l'ampleur de sa toge,

Les vaincus.

Nicolas Poussin — Deux éphèbes

ÉNÉIDE IX   vers 176 à 200

Huit ou neuf siècles avant Actium, selon la légende, Aeneas débarqua en Italie où il trouva de nombreux peuples : les Etrusques, les Volsques, les Rutules, les Latins et bien d'autres ; il rechercha l'alliance des uns, il dut affronter les autres...

Alors que le chef troyen s'était rendu à Pallantée pour obtenir le ralliement du roi Evander, laissant le camp troyen à la merci des ennemis, deux jeunes gens, Nisus et Euryalus sont commis à la garde des portes.

Ils sont jeunes et beaux tous deux, tous deux courageux, ils sont hommes et ils s'aiment...

L'homosexuel dans l'acception moderne n'existe pas dans l'antiquité car les hommes pratiquent alors assez couramment une bisexualité dont Jules César lui-même ne sera pas exempt : le grand César, le vainqueur de Vercingétorix, l'amant de Cleopatra était surnommé par ceux qui ne l'aimaient pas « la reine de Bithynie » en raison de relations avérées ou supposées avec un roi oriental.

Par la suite, plusieurs empereurs pratiquèrent ces amours libres dénuées de toute exclusive.

Nisus « très vif au maniement des armes » et donc tout sauf efféminé parle à son ami d'une audacieuse percée à travers les lignes ennemies pour rejoindre Aeneas et le convaincre de revenir au combat contre les Rutules.

Il ne souhaite pas mettre la vie d'Euryalus en danger ; mais ce dernier dont l'amour égale la bravoure ne l'entend pas ainsi.

Ils partent tous deux dans les bois hostiles, ils se battent tous deux puis après avoir tué nombre d'ennemis, ils sont tués à leur tour, chacun volant au secours de l'autre, chacun prêt à mourir pour l'autre.

Après les amours tragiques de Dido et Aeneas, Virgile propose à notre admiration ce couple légendaire de deux hommes qui s'aiment et meurent l'un pour l'autre, Nisus et Euryalus.

L'humanité, la générosité du poète encore une fois se révèle augmentée d'une sorte de méditation philosophique sur les facteurs du courage et le moteur du désir :

« Chacun se fait-il un dieu de son violent désir ? »

Le récit des combats des deux héros, celui de leur mort sont des morceaux d'anthologie mais je ne puis tout citer ; épilogue de cette aventure : Virgile écrira : « Couple heureux si mes chants ont quelque pouvoir, jamais le temps ne vous effacera de la mémoire des âges »

Ainsi place-t-il Nisus et Euryalus à côté de Dido et Aeneas ; plus tard viendront Tristan et Iseut, Roméo et Juliette et tous les êtres morts par amour.

Nisus erat portae custos, acerrimus armis,

Hyrtacides, comitem Aeneae quem miserat Ida

Uenatrix iaculo celerem leuibusque sagittis ;

Et iuxta comes Euryalus, quo pulchrior alter

Non fuit Aeneadum Troiana neque induit arma,

Ora puer prima signans intonsa iuuenta.

His amor unus erat pariterque in bella ruebant ;

Tum quoque communi portam statione tenebant.

Nisus ait : « Dine hunc ardorem mentibus addunt,

Euryalus, an sua cuique deus fit dira cupido ?

Aut pugnam aut aliquid iamdudum inuadere magnum

Mens agitat mihi nec placida contenta quietest.

Cernis quae Rutelos habeat fiducia rerum :

Lumina rara micant, somno uinoque soluti

Procubuere, silent late loca.Percipe porro

Quid dubitem et quae nunc animo sententia surgat.

Aenean acciri omnes, populusque patresque,

Exposcunt mittique viros, qui certa reportent.

Nisus était le gardien d'une porte, très vif au maniement des armes, fils d'Hyrtacus,

Compagnon que l'Ida, terre de chasse, avait envoyé à Aeneas,

Rapide au javelot et aux flèches légères ; à ses côtés son compagnon Euryalus,

Le plus beau des Enéades qui ait jamais porté les armes troyennes,

Adolescent signalant son jeune âge par ses joues non rasées.

Un seul et même amour les unissait et tous deux se ruaient au combat avec la même ardeur.

Et maintenant encore ils montaient tous deux la garde à la même porte.

Nisus déclare : « Sont-ce les dieux qui donnent par surcroit cette ardeur à mon âme,

Euryalus, ou chacun se fait-il un dieu de son violent désir ?

Mon intention est d'entreprendre soit un combat soit quelque chose de grand,

Cela me tourmente et je ne peux me contenter d'un paisible repos.

Tu vois quelle confiance habite les Rutules : de rares lumières luisent

Et ils sont couchés, détendus par le sommeil et par le vin,

Au loin, les environs sont des lieux silencieux ; écoute ce que je médite pour la suite,

L'idée qui a surgi en moi : tout le monde, le peuple et les anciens, souhaite qu'on rappelle Aeneas

Et qu'on lui envoie des hommes qui lui portent de solides projets ;

Si, tibi quae posco, promittunt (nam mihi facti
fama sat est), tumulo videor reperire sub illo
Posse uiam ad muros et moenia Pallantea »
Obstituit magno laudum percussus amore
Euryalus, simul his ardentem adfatur :
« Mene igitur socium summis adiungere rebus,
Nise, fugis ? Solum te in tanta pericula mittam ? »

Si ce que je réclame pour toi, ils me le promettent (pour moi la gloire me suffit)

Je crois pouvoir trouver au pied de cette colline une voie vers les murs et les défenses de Pallantée »

Frappé par ce grand amour de la gloire, Euryalus répond aussitôt à son ardent ami :

« Moi, donc, tu refuserais de m'associer à cette grande entreprise, Nisus ?

Je t'enverrais tout seul vers de tels périls ? »

ÉNÉIDE X   vers 215 à 245

S'il existe pour les non croyants un merveilleux chrétien, le merveilleux païen l'emporte en variété, en fantaisie et se confond avec la pure magie.

Par deux fois, la flotte d'Aeneas est incendiée : d'abord au livre V, entre Carthage et Rome, les femmes troyennes lasses de l'errance, souhaitant demeurer en Sicile, mettent le feu aux vaisseaux ; un orage éteint l'incendie ; puis, bien plus tard, alors que les Troyens ont débarqué en Italie, c'est Turnus, le chef des Rutules qui d'un pin enflammé allume le feu sur des pins de l'Ida dont on fit des navires.

Cette fois, ce sera Cybèle, la mère des dieux qui arrêtera l'incendie avec l'assistance de Jupiter par un prodige : les poupes en flamme rompent leurs amarres et plongeant dans la mer se transforment en Nymphes marines…

Ce merveilleux a sa logique : Cybèle est certes la mère des dieux, la Bérécyntienne qui tient ce nom du Bérécynte, montagne de Phrygie comprenant aussi le mont Cybèle et le mont Ida où eut lieu le jugement de Paris, où Vénus aima Anchisa ; mais c'est elle en tant que gardienne des forêts qui permit que des pins de ses montagnes fussent transformés en bateaux par les Troyens. Or, c'est avec un pin que Turnus veut brûler ces pins devenus navires… Il ne le pourra pas ; les dieux s'y opposent.

Remarquons l'imparable articulation de ces figures et le sens politique de Virgile qui sait que l'ennemi intérieur peut être aussi redoutable que l'étranger : les femmes troyennes agissent contre leur camp ; Turnus, le Rutule, est un véritable ennemi.

Admirons aussi le puissant crescendo : au forfait des Troyennes répond un simple orage ; à l'attentat de Turnus succède un prodige, une métamorphose qui est l'œuvre de plusieurs dieux.

Enfin, que sont les Nymphes ?

Divinités de la végétation vivant au cœur des arbres, divinités des sources et des ruisseaux, elles peuvent aussi habiter l'océan sans jamais se départir de leur jeunesse, de la beauté prêtée aux jeunes femmes promesses de procréation.

Le poète ouvre cette page avec la douce Diana, « alma Phoebe » que l'on peut aussi traduire par « sœur de Phébus » sœur d'Apollon, « alma » signifiant la bienfaisante, la maternelle, la bonne déesse associée à la nuit, la douce nuit ; or bizarrement, à cinq vers de distance, il utilise à nouveau cette épithète, « alma » cette fois pour qualifier Cybèle, la mère des dieux…

Maladresse ? Négligence ? Indice d'une œuvre inachevée, non révisée ? Nous y reviendrons.

Iamque dies caelo concesserat almaque curru
Noctiuago Phoebe medium pulsabat Olympum :
Aeneas (neque enim membris dat cura quietem)
Ipse sedens clauomque regit uelisque ministrat.
Atque illi medio in spatio chorus ecce suarum
Occurit comitum : Nymphae, quas alma Cybele
Numen habere maris Nymphasque e nauibus esse
Iusserat, innabant pariter fluctusque secabant,
Quot prius aeratae steterant ad litora prorae.
Agnoscunt longe regem lustrantque choreis.
Quarum quae fandi doctissima Cymodocea
Pone sequens dextra puppim tenet ipsaque dorso
Eminet ac laeua tacitis subremigat undis.
Tum sic ignarum adloquitur : « Vigilasne, deum gens,
Aenea ? Vigila et uelis immite rudentis.
Nos sumus Idaeae sacro de uertice pinus,
Nunc pelagi Nymphae, classis tua. Perfidus ut nos
Praecipitis ferro Rutulus flammaque premebat,
Rupimus inuitae tua uincula teque per aequor
Quaerimus. Hanc genetrix faciem miserata refecit
Et dedit esse deas aeuomque agitare sub undis.

Déjà le jour avait quitté le ciel et la douce Diana heurtait de son char nocturne le centre de l'Olympe.

Aeneas à qui le souci ôtait tout repos, assis seul tient la barre et manoeuvre les voiles.

Et voici qu'au milieu de l'espace accourt le chœur de ses compagnes, les nymphes

Que la douce Cybèle de navires qu'elles étaient avait fait des puissances de la mer,

Ainsi l'avait-elle ordonné…

Elles nageaient de front et fendaient les flots aussi nombreuses que jadis les proues d'airain

Qui se dressaient sur le rivage ; de loin elles reconnaissent leur roi et dansent autour de lui.

Celle qui sait le mieux parler, Cymodocea, à l'arrière le suit la main droite sur la poupe,

Le buste surplombant la mer, ramant de la main gauche dans les ondes qui se taisent.

Alors, elle s'adresse à lui et à son ignorance : « Veilles-tu, Aeneas, enfant des dieux ?

Veille et mets à la voile.

Nous sommes les pins du sommet sacré de l'Ida, aujourd'hui nymphes de l'océan,

Hier tes vaisseaux.

Comme le perfide Rutule nous pressait du fer et du feu pour nous abîmer,

Nous avons, bien malgré nous, rompu tes amarres et nous te cherchons par la plaine marine.

Notre mère avec miséricorde nous a conféré cet aspect, nous a donné d'être des déesses

Et de passer notre vie sous les eaux.

At puer Ascanius muro fossisque tenetur

Tela inter media atque horrentis Marte Latinos.

Iam loca iussa tenet forti permixtus Etrusco

Arcas eques ; medias illis opponere turmas,

Ne castris iungant, certast sententia Turno.

Surge, age et Aurora socios ueniente uocari

Primus in arma iube et clipeum cape, quem dedit ipse

Inuictum Ignipotens atque oras ambiit auro.

Crastina lux, mea si non inrita dicta putaris,

Ingentes Rutulae spectabit caedis aceruos. »

Mais le jeune Ascanius est assiégé derrière son mur et ses fossés, au milieu des traits,

Entouré des Latins redoutables…

Déjà la cavalerie arcadienne mêlée aux courageux Etrusques tient les positions assignées ;

Turnus a l'idée arrêtée de leur opposer ses troupes afin qu'ils ne rejoignent pas notre camp.

Allons, debout, et dès l'aurore, donne l'ordre immédiat à tes alliés d'en venir aux armes ;

Prends le bouclier invincible que t'a donné lui-même le dieu qui règne sur le feu,

Bouclier dont les bords sont en or ; demain, si tu penses que je ne parle pas en vain,

Tu verras d'énormes monceaux de Rutules massacrés »

Diane de Houdon

ÉNÉIDE XI   vers 570 à 584

Si Aeneas est grand, ses ennemis ne le sont pas moins : parmi eux, distinguons deux adversaires particulièrement redoutables, un homme et une femme, l'homme est Turnus, un Rutule ; la femme est Camilla, reine des Volsques.

Fille d'un tyran désavoué par son peuple, Camilla au milieu de la guerre prit son envol — littéralement, c'est le cas de le dire — : en effet, son père voulant la soustraire encore enfant aux coups des ennemis la lia à son javelot et la propulsa dans les airs ; ce faisant, il la consacra à Diana, déesse des bois, de la nuit, de la Lune et du sang qui coule, le sang des bêtes que l'on tue à la chasse, le sang des menstrues qui obéit aux cycles lunaires.

Ainsi vouée à la virginité, vêtue de la dépouille d'un tigre, elle n'eut point d'or dans les cheveux ni de longues robes pour la couvrir ; elle déçut l'attente des mères qui l'auraient voulue pour bru.

Elle se voua à Diana et aux armes ; ses compagnes, vierges comme elle, sont à son service « dans la paix comme dans la guerre » ; à quoi pense donc le poète quand il évoque les services de la paix ? Ya-t-il là un écho discret aux amours de Nisus et Euryalus ?

Le service guerrier vise à coup sûr pour cette pucelle à bouter l'ennemi hors de son pays : ce sont les Troyens envahisseurs de l'Italie.

Virgile qui nous la montre au combat ne cache pas sa dilection, son empathie, en plusieurs moments de son poème, pour cette figure de jeune fille belliqueuse dont le courage, la bravoure n'ont rien à envier aux prouesses des hommes.

Cependant, c'est une faiblesse de femme qui la fera mourir : le désir de s'emparer d'un carquois d'or, d'une chlamyde de lin jaune, d'une tunique brodée, vêtements chatoyants repérés chez l'ennemi ; voulant satisfaire cette convoitise, attachée à ce seul objectif, elle néglige toute prudence et tombe le sein percé d'un javelot.

Elle meurt en disant à l'une de ses compagnes : « Fuis et porte à Turnus mes suprêmes recommandations : qu'il vienne combattre à son tour et qu'il écarte les Troyens de la ville ; adieu »

Hic natam in dumis interque horrentia lustra

Armentalis equae mammis et lacte ferino

Nutribat teneris immulgens ubera labris.

Vtque pedum primis infans uestigia plantis

Institerat, iaculo palmas armauit acuto,

Spiculaque ex umero paruae suspendit et arcum.

Pro crinali auro, pro longae tegmine pallae

Tigridis exuuiae per dorsum a uertice pendent.

Tela manu iam tum tenera puerilia torsit,

Et fundam tereti circum caput egit habena

Strymoniamque gruem aut album deiecit olorem.

Multae illam frustra Tyrrhena per oppida matres

Optauere nurum ; sola contenta Diana

Aeternum telorum et uirginitatis amorem

Intemerata colit.

Là, dans les fourrés, au milieu des tanières repoussantes des animaux,

Grâce aux mamelles d'une jument il nourrissait sa fille du lait d'une bête

Dont il trayait les pis pour les tendres lèvres de l'enfant.

Dès qu'elle eut imprimé sur le sol la marque de ses pas,

Il arma sa main d'un javelot pointu et suspendit à sa petite épaule un arc et des flèches.

Au lieu de l'or pour ses cheveux, au lieu d'une longue robe pour la couvrir,

Elle portait la dépouille d'un tigre qui pendait de sa tête jusqu'à son dos.

Dès lors, elle lança de sa main délicate des traits d'enfant

Dès lors d'une courroie lisse elle fit tourner la fronde autour de sa tête,

Abattant la grue du Strymon ou le cygne blanc.

Bien des mères dans les villes Tyrrhéniennes souhaitèrent en vain l'avoir pour bru ;

De Diana seule elle se contente ;

Chaste, elle se voue éternellement à l'amour des armes et à la virginité.

ÉNÉIDE XI   vers 648 à 665

———

At medias inter caedes exsultat Amazon

Unum exserta latus pugnae, phraretrata Camilla,

Et nunc lenta manu spargens hastilia denset,

Nunc ualidam dextra rapit indefessa bipennem ;

Aureus ex umero sonat arcus et arma Dianae.

Illa etiam, si quando in tergum pulsa recessit,

Spicula conuerso fugientia derigit arcu.

At circum lectae comites, Larinaque virgo

Tullaque et aeratam quatiens Tarpeia securim,

Italides, quas ipsa decus sibi dia Camilla

Delegit pacisque bonas bellique ministras :

Quales Threiciae cum flumina Thermodontis

Pulsant et pictis bellantur Amazones armis,

Seu circum Hippolyten, seu cum se Martia curru

Penthesilea refert magnoque ululante tumultu

Feminea exsultant lunatis agmina peltis.

Quem telo primum , quem postremum, aspera uirgo,

Deicis ? aut quot humi morientia corpora fundis ?

Mais au milieu des massacres bondit une Amazone au sein dénudé pour le combat,

C'est Camilla portant le carquois qui tantôt disperse et rend plus denses ses souples javelots

Tantôt, infatigable, saisit de la main droite une forte hache à deux tranchants.

Sur son épaule sonne l'arc d'or et les armes de Diana.

Parfois aussi, quand repoussée elle doit tourner le dos, dans sa fuite elle décoche des flèches

De son arc retourné. Autour d'elle ses compagnes d'élite, la vierge Larina, Tulla et Tarpeia

Qui brandit sa hache d'airain, des Italiennes qu'elle a choisies elle-même, Camilla la divine,

Pour sa gloire et pour qu'elles la servent bien dans la paix comme dans la guerre.

Elles ressemblent aux Amazones de Thrace qui frappent les eaux du Thermodon

Et combattent avec des armes peintes soit autour d'Hippolyte

Soit avec Penthésilée fille de Mars derrière le char qui la porte ;

 Alors, dans un grand tumulte ces troupes de femmes bondissent en hurlant

Et agitent leurs boucliers en forme de croissants.

Quel est le premier, quel est le dernier, vierge sans pitié, que tu as jeté à bas d'un trait ?

De combien de cadavres as-tu jonché la terre ?

Amazone blessée

ÉNÉIDE XI   vers 410 à 442

———

Face à Aeneas, l'autre grande figure qui occupe près de la moitié de l'Enéide est Turnus, le roi des Rutules. Camilla se bat pour sa patrie, Turnus ajoute à la même cause un motif plus personnel : Lavinia, fille de Latinus, le roi des Latins, lui a été promise ; il l'aime et en est aimé ; or Aeneas, avec l'accord de ce même Latinus compte épouser Lavinia pour sceller une alliance entre Latins et Troyens.

Le héros Rutule voit ainsi amendée sa dimension épique : fiancé de Lavinia, farouchement soutenu par la reine Amata qui s'oppose aux desseins de son époux, Turnus est bafoué par la faiblesse et l'indécision de Latinus, incapable de choisir franchement son gendre, Aeneas ou Turnus, redoutant la colère de sa femme, Amata la bien nommée…

Turnus comme Aeneas a du sang divin et sa sœur Juturna, nymphe aimée de Jupiter, auxiliaire et bras armé de Juno combat à son côté.

Le héros, outre son courage, ne manque ni d'humour ni d'ironie quand il parle « des grands desseins » de Latinus, il se moque du vieux roi indécis flottant entre deux partis.

Son duel avec Aeneas, longtemps retardé, couronne l'Enéide ; la noblesse du héros s'exprime dans sa conviction d'aller vers une mort certaine voulue par les Destins, mort pourtant acceptée, assumée, vrai sacre de sa valeur.

Il y a de la grandeur dans son sacrifice même si son personnage trahit parfois quelques faiblesses qui, loin de le disqualifier, nous le rendent plus humain.

Virgile avec Turnus fait montre encore une fois de son humanité : les vaincus doivent être respectés, honorés : Turnus nous touche comme nous ont touchés Dido et Camilla.

Nous verrons bientôt que même chez les dieux, on peut perdre avec panache ; au-delà d'un échec, à partir d'un échec levain pour l'avenir peut surgir la victoire.

Nunc ad te et tua magna, pater, consulta reuertor.

Si nullam nostris ultra spem ponis in armis,

Si tam deserti sumus et semel agmine verso

Funditus occidimus neque habet Fortuna regressum,

Oremus pacem et dextras tendamus inertis.

Quamquam o si solitae quicquam uirtutis adesset !

Ille mihi ante alios fortunatusque laborum

Egregius animi, qui, ne quid tale uideret,

Procubuit moriens et humum simul ore momordit.

Sin et opes nobis et adhuc intacta iuuentus

Auxilioque urbes Italae populique supersunt,

Sin et Troianis cum multo gloria uenit

Sanguine (sunt illis sua funera, parque per omnis

tempestas) cur indecores in limine primo

Deficimus ? Cur ante tubam tremor occupat artus ?

Multa dies uariique labor mutabilis aeui

Rettulit in melius, multos alterna reuisens

Lusit et in solido rursus Fortuna locauit.

« Maintenant mon père, je reviens à toi et à tes grands
desseins.

Si nos armes ne t'apportent aucune espérance, si nous sommes
à ce point abandonnés,

Si une seule armée renversée nous fait complètement
succomber

Et si la Fortune ne connaît pour nous aucun retour,

Demande donc la paix et tendons nos mains incapables.

Pourtant si seulement un tant soit peu de notre habituelle
valeur résidait encore en nous !

Pour moi est plus heureux que tous et supérieur par son
aptitude à triompher du malheur

L'homme qui, plutôt que de voir un tel spectacle, est tombé
mourant

Et du même coup a mordu la poussière.

Mais s'il nous reste des forces, une jeunesse intacte, l'aide de
peuples, de villes italiennes,

Si la gloire vint aux Troyens avec beaucoup de sang

(Eux aussi ont leurs morts et le malheur est égal pour tous)

Pourquoi serions-nous défaillants dès les premiers pas ?

Pourquoi trembler avant le son du clairon ?

La variété des jours, le glissement, les mutations du temps ont
souvent ramené le bonheur ;

La Fortune qui alterne ses visites, après s'être jouée de bien des
hommes,

Les a souvent solidement restaurés.

Non erit auxilio nobis Aetolus et Arpi :

At Messapus erit felixque Tolumnius et quos

Tot populi misere duces, nec parua sequetur

Gloria delectos Latio et Laurentibus agris.

Est et Volscorum egregia de gente Camilla

Agmen agens equitum et florentis aere cateruas.

Quod si me solum Teucri in certamina poscunt

Idque placet tantumque bonis communibus obsto,

Non adeo has exosa manus Victoria fugit,

Ut tanta quicquam pro spe temptare recusem.

Ibo animis contra, uel magnum praestet Achillem

Factaque Volcani manibus paria induat arma

Ille licet. Vobis animam hanc soceroque Latino

Turnus ego, haud ulli ueterum uirtute secundus,

Deuoui. Solum Aeneas uocat ? Et uocet oro …

Nous n'aurons pas le secours de l'Etolien ni d'Arpi mais Messapus sera avec nous

Et l'heureux Tolumnius et les chefs que nous ont envoyés tant de peuples ;

Ce n'est pas une faible gloire qui viendra pour l'élite des Latins dans les champs des Laurentes.

Il y a aussi pour nous Camilla du noble sang des Volsques :

Elle conduit sa troupe de cavaliers et des bataillons tout florissants d'airain.

Et si c'est moi seul que les Troyens appellent au combat, si cela vous plaît,

Si je fais à ce point obstacle au bien commun, la Victoire ne m'a pas fui en détestant mes mains

Au point que je refuse de tenter quoi que ce soit pour une si grande espérance.

J'irai contre l'ennemi avec tout mon courage même s'il l'emportait sur le grand Achille,

Même s'il revêtait des armes forgées de la main de Vulcain.

Je vous ai voué ma vie ainsi qu'à toi Latinus, mon beau-père,

Moi, Turnus qui ne le cède en valeur à aucun des anciens héros.

C'est moi seul qu'Aeneas appelle ? Eh-bien qu'il m'appelle, je le lui demande… »

ÉNÉIDE XI vers 896 à 914

———

Interea Turnum in siluis saeuissimus implet

Nuntius et iuueni ingentem fert Acca tumultum :

Deletas Volscorum acies, cecidisse Camillam,

Ingruere infensos hostis et Marte secundo

Omnia corripuisse, metum iam ad moenia ferri.

Ille furens (et saeua Iouis sic numina poscunt)

Deserit obsessos collis, nemora aspera linquit.

Vix e conspectu exierat campumque tenebat,

Cum pater Aeneas saltus ingressus apertos

Exsuperatque iugum siluaque euadit opaca.

Sic ambo ad muros rapidi totoque feruntur

Agmine nec longis inter se passibus absunt ;

Ac simul Aeneas fumantis puluere campos

Prospexit longe Laurentiaque agmina uidit,

Et saeuom Aenean agnouit Turnus in armis

Adventumque pedum flatusque audiuit equorum.

Continuoque ineant pugnas et proelia temtent,

Ni roseus fessos iam gurgite Phoebus Hibero

Tingat equos noctemque die labente reducat.

Cependant l'affreuse nouvelle vient accabler Turnus dans la forêt :

Acca crée un profond trouble dans l'esprit du jeune homme ;

L'armée des Volsques a été détruite ; Camilla a été tuée ;

Les ennemis à l'offensive secondés par Mars gagnent du terrain, sont maîtres de tout,

Portant désormais la peur jusqu'aux remparts.

Le héros furieux (telles sont les terribles volontés de Jupiter)

Quitte les collines qu'il occupait, délaisse l'âpreté des bois.

A peine était-il hors de vue, à peine était-il dans la plaine

Que notre père Aeneas ayant investi les passages ouverts franchit la crête

Et sort de la forêt sombre.

Ainsi tous deux rapides se portent avec leur armée vers les murs de la ville

A peu de distance l'un de l'autre…

En même temps Aeneas a vu de loin la plaine fumer de poussière, les troupes des Laurentes,

En même temps Turnus a reconnu Aeneas terrifiant sous ses armes,

Il a entendu la venue des pas, le souffle des chevaux.

Ils iraient au combat aussitôt et tenteraient l'affrontement

Si le rose Phébus ne teignait ses chevaux fatigués dans l'abîme d'Ibérie,

Si le jour déclinant ne ramenait la nuit.

Juno   *Jupiter*

ÉNÉIDE XII   vers 818 à 841

———

Le dénouement de l'Enéide depuis toujours prévu et annoncé, voulu par Jupiter et les Destins, c'est la victoire d'Aeneas pour la fondation de Rome.

Juno, sœur et épouse de Jupiter a tout fait pour écarter cette victoire qui réveille en elle les blessures d'amour propre nées de la guerre de Troie : le jugement de Paris donnant la préférence à Vénus à son détriment comme à celui de Minerva ; l'enlèvement d'Hélène consacrant des amours adultères ; le suicide de Dido à Carthage, la cité qu'elle soutient et désigne comme rivale de Rome.

Mais elle doit s'incliner devant la volonté jupitérienne, ayant perdu la partie en apparence : Aeneas l'emportant contre Turnus épousera Lavinia scellant ainsi l'alliance entre les Troyens et les peuples Latins : le nom de sa nouvelle épouse sera celui d'une ville, Lavinium.

Pourtant la reine des dieux gagne sur plusieurs points : elle obtient de son époux divin que les Latins conservent leur nom, leur langue et leurs coutumes ; ainsi parle-t-elle des vêtements et des rites, de tous ces éléments constitutifs d'une culture.

Jupiter vainqueur se reconnaît vaincu et consent aux exigences de la déesse ; il a parfaitement compris la volonté de son épouse :

« Seuls les corps des Troyens seront métissés … d'heureux mariages composeront la paix »

L'essentiel est ainsi préservé : la persistance, la permanence d'une culture, d'une civilisation reposant sur la langue, les rites, la religion, les choix vestimentaires et tout ce qui fait une nation. Juno a gagné sur tous ces points ; elle est heureuse.

Virgile achève donc l'Enéide par un message ambigu où le gagnant doit se soumettre, où la ténacité de la déesse peut l'emporter sur la puissance du dieu ; c'est avec ce message féministe, cet accord au sein d'un couple où l'un des partenaires ne doit pas humilier l'autre, c'est avec ce message d'une incroyable modernité que Virgile aurait dû clore son œuvre ; les derniers vers de l'Enéide révèlent sans doute mieux que toute démonstration érudite que le poète n'a pas eu le temps d'achever son poème, de le réviser, que la légende de sa volonté de le détruire n'est pas une légende ; l'exigence du penseur et de l'artiste était telle qu'il ne pouvait souffrir de mettre au monde un enfant prématuré ; il voulait donner au monde, à la postérité l'enfant divin, Apollinien de sa quatrième Bucolique.

Et nunc cedo equidem pugnasque exosa relinquo.

Illud te, nulla fati quod lege tenetur,

Pro Latio obtestor, pro maiestate tuorum :

Cum iam conubiis pacemque felicibus (esto)

Component, cum iam leges et foedera iungent,

Ne uetus indigenae nomen mutare Latinos

Neu Troas fieri iubeas Teucrosque uocari

Aut uocem mutare uiros aut uertere uestem.

Sit Latium, sint Albani per saecula reges,

Sit Romanae potens Itala uirtute propago ;

Occidit occideritque sinas cum nomine Troia.

Maintenant je cède, j'abandonne ces combats détestables ;

Ce point capital, qu'aucune loi du destin n'interdit,

Pour le Latium, pour la majesté des tiens, toi accorde le moi, je t'en supplie :

Quand ils composeront la paix par d'heureux mariages,

Quand ils auront lié par des traités leurs lois, à partir de ce moment là,

Ne force pas les Latins autochtones à changer leur ancien nom,

Ne les force pas à devenir Troyens, à être nommés descendants de Teucer,

Ne force pas ces hommes à changer de langue, à modifier leur vêtement.

Qu'il y ait un Latium, qu'il y ait pour des siècles des rois Albains,

Qu'il y ait une lignée romaine rendue puissante par la vertu de l'Italie.

Troie est tombée ; permets qu'elle ait péri avec son nom …

Olli subridens hominum rerumque repertor :

« Es germana Iouis Saturnique altera proles :

Irarum tantos uoluis sub pectore fluctus.

Verum age et inceptum frustra summitte furorem :

Do quod vis, et me uictusque uolensque remitto.

Sermonem Ausonii patrium moresque tenebunt,

Utque est nomen erit ; commixti corpore tantum

Subsident Teucri, morem ritusque sacrorum

Adiciam faciamque omnis uno ore Latinos.

Hinc genus Ausonio mixtum quod sanguine surget,

Supra homines, supra ire deos pietate uidebis,

Nec gens ulla tuos aeque celebrabit honores.»

Adnuit his Iuno et mentem laetata retorsit.

L'auteur des hommes et des choses en souriant lui répondit :

« Tu es bien la sœur de Jupiter, l'autre rejeton de Saturne,

Pour vouloir en ton cœur tant de flots de colères,

Allons, réprime cette fureur conçue si vainement,

Je te donne ce que tu veux et vaincu, de bon gré je m'en remets à toi :

Les Ausoniens garderont la langue de leurs pères et leur culture,

Leur nom restera ce qu'il est ; seuls les corps des Troyens seront métissés,

J'indiquerai la coutume et les rites sacrés

Et je ferai parler tous les Latins d'une seule voix.

Ce peuple mêlé de sang ausonien que tu verras surgir,

Par sa piété tu le verras aller au-delà des hommes, au-delà des dieux

Et nul autre peuple ne t'accordera d'aussi grands hommages. »

Juno acquiesça et retourna son âme, heureuse.

Virgile et les Muses

EPILOGUE

Avec la Bible, l'Iliade et l'Odyssée, l'Enéide est l'un des fondements de notre culture, de notre civilisation.

On ne lit pas ces livres en continu, intégralement ; ils sont trop riches ; on les découvre par fragments, on ne peut les apprécier que par bribes…

D'où la justification d'une anthologie, d'un florilège pour parler latin, d'un choix de morceaux qui s'ils ne sont les meilleurs reflètent du moins les dilections d'un auteur.

J'assume ce choix même s'il ma coûté de pénibles renoncements : ainsi je ne dirai rien des Bucoliques, rien des Géorgiques (il y aurait trop à dire) mais, pour m'en tenir à la seule Enéide, je n'ai pas retenu les passages concernant les rapports de Vénus avec son fils, j'ai écarté toutes les scènes de guerre et de violence où le sang coule à flots ; j'ai renoncé à transcrire ces jeux funèbres en l'honneur d'Anchisa, prémisses de nos jeux olympiques, jeux si divers, si bien décrits par le poète… J'ai ignoré bien d'autres passages dignes d'admiration… Que de douloureux renoncements…

De tels manques ne sont pas forcément coupables ; ils peuvent être les ferments d'un désir de lire dans leur intégralité les œuvres de Virgile ; ces lecteurs séduits par mon anthologie pourront alors découvrir la totalité de l'œuvre de Virgile à travers d'autres traductions et mesurer ce qui différencie ces travaux des choix qui sont les miens : fidélité et recherche de beauté.

En dépit de mes efforts, j'ai conscience que la lecture de Virgile en français n'est qu'un pâle reflet de ce qu'elle pouvait être dans l'antiquité, quand des lecteurs locuteurs latins lisaient ou écoutaient les mots du poète magnifiés par les rythmes implacables des hexamètres.

La poésie latine qui doit beaucoup à sa devancière grecque est assez différente de la poésie française : chez nous, la rime ponctue le vers à l'intérieur duquel allitérations et assonances peuvent retenir l'oreille mais rien de contraignant en dehors du respect du mètre (le compte des syllabes) ; chez les anciens latins, l'hexamètre dactylique hérité d'Homère impose sa rythmique implacable : hexamètre, c'est-à-dire six mesures contenant chacune des valeurs longues ou brèves, dactyles (une longue, deux brèves), spondées (deux longues), l'avant-dernier vers presque toujours un dactyle, le dernier seulement rompant le rythme avec la possibilité d'un spondée ou d'un trochée (une longue, une brève) ; une césure, placée le plus souvent après la première syllabe du troisième pied vient varier ce schéma.

Si le vers français nous prend en sa fin par l'alternance de ses rimes féminines ou masculines :

Toujours, sous les rameaux du laurier de Virgile

Le pâle Hortensia s'unit au Myrte vert !

Le vers latin sur toute sa longueur nous tient en haleine par la distribution contrainte des longues (en gras ci-dessous) et des brèves, par l'inéluctable retour de ses accents toniques :

Arma vi **rum**que ca**no** // **Trojae qui pri**mus ab **oris**

Un tel carcan rythmique infligé sur des milliers de vers en impose : cette poésie impressionne plus qu'elle ne charme.

La langue latine, comme l'anglais ou l'italien a des accents toniques très prononcés à la différence du français, langue plus étale, d'où l'exaltation du rythme.

Les dactyles, spondées ou trochées renvoient à coup sûr à des rythmes de danses (d'où l'emploi du mot « pied » pour désigner les mesures) et l'on peut se demander à quelle musique, à quel chant ces vers pouvaient servir d'appui ; ce qui est sûr, les valeurs longues l'emportent sur les brèves, ce qui confère à cette poésie une solennité certaine.

Le lecteur d'aujourd'hui doit donc faire un effort d'imagination pour se représenter ce qu'éprouvaient les contemporains de Virgile quand ils lisaient ou écoutaient ces vers si différents des nôtres… La musique en est elle à jamais perdue ?

En tous cas Virgile emploie bien le verbe « cano », je chante et non je dis ou je raconte pour initier son poème.

Mais tout cela n'est que forme, esthétique ; l'essentiel est ailleurs.

Virgile, on l'a déjà dit, est un patriote engagé, un laudateur de la politique d'Augustus, de la personne d'Octavius-Augustus, ce politique qui fonda l'empire sans que les Romains ne s'en rendissent compte : jamais il ne revendiqua le titre d'empereur (imperator en latin désigne un général d'armée) , il ne voulut être que le « princeps senatus » le premier du sénat, le prince, entretenant ainsi la fiction du maintien de la République, de la survivance d'une ancienne institution (le meurtre de César lui avait servi de leçon) ; jamais le prince ne voulut être roi, jamais il ne proclama l'Empire mais il le réalisa dans les faits.

Ce grand politique imposa des valeurs dans lesquelles le poète se reconnaissait : respect des ancêtres, de la religion et de la tradition ; ordre moral ; paix à l'intérieur des frontières de l'empire. Enfin, s'il manquait une raison d'admirer Octavius, il suffirait de rappeler que sans lui, nous n'aurions pas l'Enéide : il s'opposa à la volonté de Virgile mourant de détruire son œuvre et en assura la publication.

Octavius Augustus, défenseur de la tradition fut l'artisan de la transmission.

Le « Pius Aeneas » qui avance portant son père sur son dos et tenant son fils par la main, on a pu s'en moquer, est l'allégorie de l'alliance entre la tradition et la construction de l'avenir, entre le passé respecté et le futur auquel on doit prêter la main.

Ce mélange ou plutôt cet accord entre l'héritage et la nouveauté, le conservatisme et la révolution, ce refus de toute exclusion, du tiers-exclus, avait de quoi séduire l'ami des animaux et des hommes, des fleuves et des forêts, des hommes et des femmes, des Dieux, des Nymphes et des Esprits que l'on nommait Lares, Pénates, Mânes, qu'on appellerait aujourd'hui forces de l'univers, les forces et leurs champs ; Virgile : une force et son chant !

Octavius

TABLE DES MATIÈRES

A PROPOS DE L'AUTEUR

Eouda Pintruber fut professeur de Lettres classiques : il enseigna le Grec ancien et le Latin pendant plus de quarante ans...

Il est l'auteur de six ouvrages :

- Virgile, l'Anthologie

- Rhapsodie, un essai d'épistémologie

- Le livre de Gè, un recueil de poèmes

- Mémoires d'un prophète, une autofiction

- L'année du Bac, une comédie

- Salem, un roman allégorique

(Les trois derniers ouvrages sont publiés chez Edilivre)

Eouda Pintruber est convaincu que la construction de l'avenir exige la connaissance du passé, non pour s'y réfugier, s'y enfermer mais afin d'asseoir les oeuvres du futur sur une base solide.

Cet auteur rejette tous les dualismes, toute binarité.

9 791096 314584